ROMANZI E RACCONTI

Per volontà di Enaiatollah Akbari i nomi di alcune persone citate nel libro sono stati cambiati.

© Pubblicato in accordo con Grandi & Associati
© 2020 Baldini+Castoldi s.r.l. - Milano
ISBN 978-88-9388-336-8

Prima edizione Baldini+Castoldi - La nave di Teseo luglio 2020

www.baldinicastoldi.it
info@baldinicastoldi.it

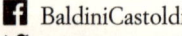 BaldiniCastoldi
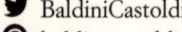 BaldiniCastoldi
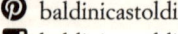 baldinicastoldi
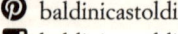 baldinicastoldi

Fabio Geda, Enaiatollah Akbari
Storia di un figlio

Andata e ritorno

Baldini+Castoldi

L'unico desiderio per il nostro popolo
è che essere un hazara non sia più un crimine.

Abdul Ali Mazari

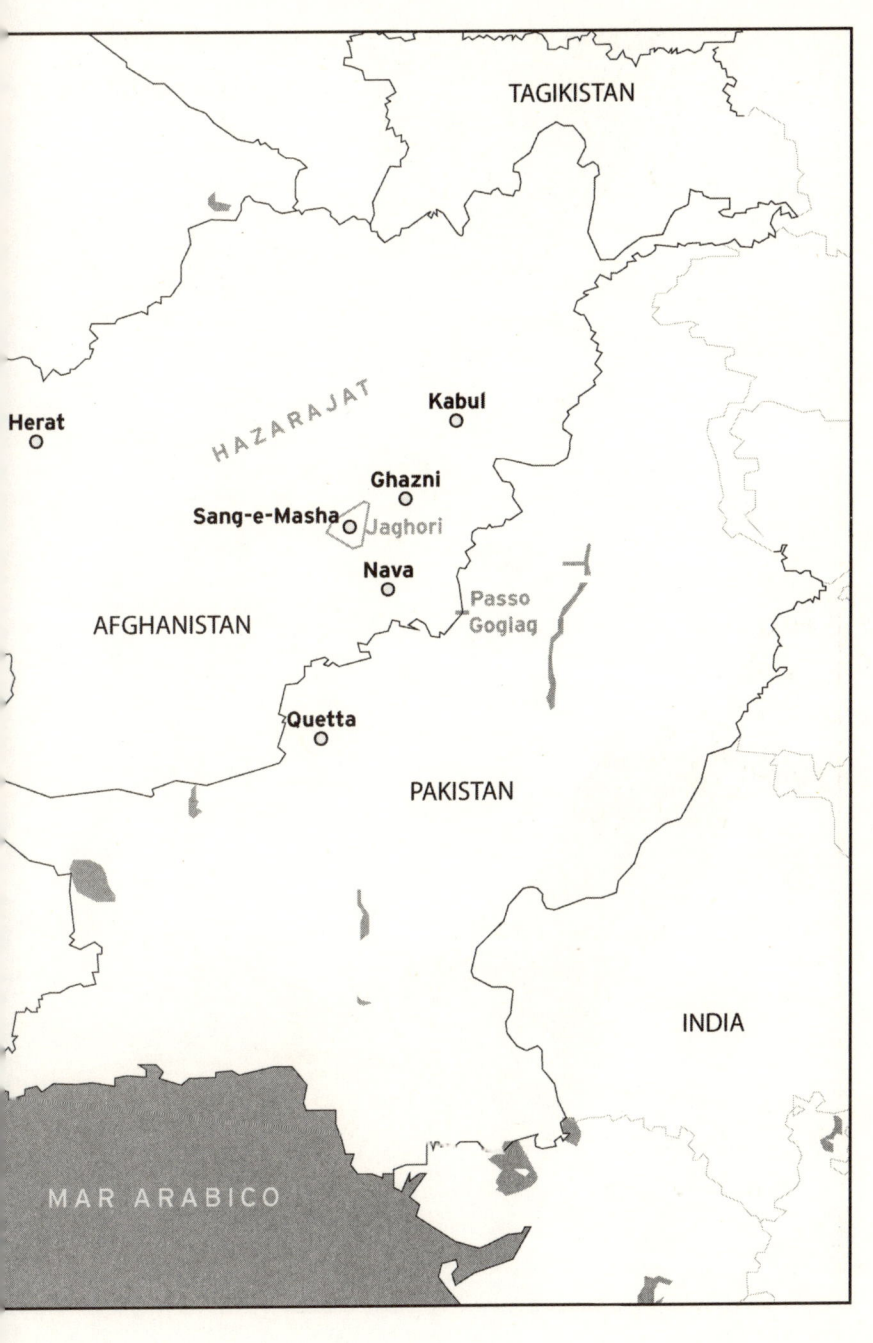

00.

La storia è questa, ma forse la conoscete già: mi chiamo Enaiatollah Akbari, anche se tutti mi chiamano Enaiat. Sono nato in Afghanistan, nell'Hazarajat, una regione montuosa a ovest di Kabul, selvaggia di terra e rocce, tappezzata di pascoli e con il cielo più limpido che possiate immaginare. D'inverno la neve, di notte le stelle, ovunque – tante da ritrovartele persino nelle tasche. L'Hazarajat è la terra degli hazara, la mia etnia. È grande come mezza Italia e ci abitano meno di dieci milioni di persone.

Da Torino, dove abito adesso, quando mi capita di sollevare lo sguardo in direzione delle Alpi, soprattutto sul finire dell'inverno, quando l'ultima neve le copre fin dove partono i boschi bruciati dal freddo, allora, di tanto in tanto, sento emergere una specie di nostalgia che solletica la nuca e mi riporta al calore della brace nella casa di Nava, alle grida degli amici riuniti per strada a giocare a *buzul-bazi*, agli odori della cucina di mia madre e soprattutto alla sua voce, che dice: Enaiat, Enaiat *jan*, mi serve il tuo aiuto, c'è da prender l'acqua. Enaiat, dove accidenti sei finito?

Quando avevo dieci anni, mamma ha deciso che la cosa migliore che poteva fare, vista la situazione in cui mi trovavo, era portarmi a Quetta, in Pakistan, e lasciarmi lì a fare vita di strada insieme a stormi di ragazzini selvaggi. Non subito, ma alla fine ho capito che per lei sapermi in pericolo, ma in viaggio verso un futuro differente, era meglio che avermi vicino, ma nel fango della paura di sempre; e che, fatti i conti, preferiva affidarmi a una chiassosa comunità di mezzi orfani che sopravviveva grazie alla generosità dei commercianti d'un *bazar*, piuttosto che consegnarmi a un facoltoso commerciante della nostra zona, collaboratore dei talebani, come pagamento per un ipotetico debito contratto da mio padre.

Ricordo bene il giorno in cui tutto è cominciato. Ero piccolo, ma non così piccolo da non accorgermi che c'era qualcosa che non andava: l'odore della paura si era diffuso in casa nostra come quello del *qhorma palaw* dimenticato sul fuoco. Una mattina, quest'uomo, che come ho detto collaborava con i talebani, aveva indicato mio padre, gli aveva fatto segno di avvicinarsi e gli aveva ordinato di andare in Iran con un camion a prendere certi prodotti da vendere nei suoi negozi: coperte, stoffe, sottili materassi di spugna. Per costringerlo aveva detto: se non vai in Iran a recuperare quella merce, noi uccidiamo la tua famiglia; se scappi con la merce, noi uccidiamo la tua famiglia; se quando arrivi manca della merce o è rovinata, noi uccidiamo la tua famiglia; se ti fai truffare, uccidiamo la tua famiglia. Insomma, qualunque cosa fosse andata male: noi uccidiamo la tua famiglia.

Che, come spesso mi capita di sottolineare, non è un bel modo di fare affari.

Molti mesi dopo, mentre papà attraversava un passo di montagna, un gruppo di banditi aveva assalito il camion su cui viaggiava. La notizia della sua morte ci era arrivata di sera, a braccetto dell'oscurità, e nonostante i nostri tentativi di lasciarla fuori – *non è vero, no, non può essere* – alla fine era entrata, ed era rimasta a dormire con noi. Al mattino era ancora lì. E non solo. Era arrivato anche il facoltoso commerciante, che venuto a conoscenza dell'accaduto si era subito presentato da mia madre, ma non per dirle, che so, condoglianze, o mi spiace, o posso fare qualcosa; ma per comunicarle che mio padre morendo gli aveva causato un danno, che la merce era andata dispersa per colpa sua che non era stato in grado di difenderla, e che ora lei doveva ripagargliela.

Nel caso in cui non avesse trovato i soldi, non c'era problema: avrebbe preso me.

In Pakistan ho vissuto poco più di un anno. Poi Iran (due anni e mezzo circa). Poi Turchia e Grecia. E alla fine sono arrivato in Italia. Era il 2004. Settembre, per essere precisi. E dato che non solo non avevo documenti validi, ma non ne avevo proprio, nemmeno uno, e manco sapevo con esattezza quando ero nato, in questura hanno deciso che per il resto della vita avrei festeggiato il compleanno il primo di quel mese, il primo di settembre – questo in caso voleste farmi gli auguri.

Quattro anni dopo essere arrivato in Italia, dopo aver trovato un posto da chiamare casa, dopo che un giorno alla volta, combattendo contro i miei demoni, tra testa, cuore e stomaco si era creato uno spazio nuovo, mi son reso conto che forse potevo anche smetterla di starmene ripiegato sul pensiero della sopravvivenza, e ho iniziato a chiedermi se era possibile ritrovare la mia famiglia: mia madre, mio fratello, mia sorella, e certi zii a cui ero legato. Volevo scoprire che fine avevano fatto. Per molto tempo li avevo come cancellati, perché dimenticare è un modo buono per non soffrire; e questo non per cattiveria o cosa, ma perché, prima di avere abbastanza spazio nella testa per occuparti degli altri, devi trovare il modo di stare bene con te stesso.

Infatti, quando ho capito che, grazie a chi mi aveva accolto, con la mia vita davvero potevo farci qualcosa di bello, e non solo, magari anche qualcosa di utile, ecco che certe domande hanno cominciato ad affiorare senza che io dovessi neppure scuotere troppo il fondo dei ricordi. Mia madre e i miei fratelli erano ancora vivi dopo sette anni di guerra? Dall'autunno del 2001 in poi, a causa del conflitto scatenato dagli attacchi terroristici dell'undici settembre, l'Afghanistan si era trasformato in un inferno. Non che prima fosse una passeggiata, eh, beninteso, soprattutto per noi hazara, ma dal 2001 la faccenda si era complicata ulteriormente: a causare migliaia di morti non c'erano più solo i gruppi fondamentalisti, c'erano pure i bombardamenti della coalizione Nato in supporto al governo afghano contro i talebani e al-Qaida. Che vita avevano fatto in quel periodo? Erano rimasti feriti? Erano ancora insieme o si erano divisi? Erano fuggiti? E dove?

Per loro era impossibile mettersi in contatto con me, perché a) non avevano la più pallida idea di dove fossi finito e b) non avevano i mezzi per scoprirlo. Io invece qualche possibilità di capire cose gli fosse successo ce l'avevo. E ho deciso di darmi da fare.

Un giorno ho chiamato uno dei miei amici afghani di Qom – una città iraniana dove avevo lavorato durante il viaggio –, uno che aveva il padre in Pakistan, a Quetta, e gli ho chiesto se era immaginabile che uno degli uomini della sua famiglia si mettesse in viaggio per andare a cercare la mia in Afghanistan.

Ho detto: Se tuo padre riuscisse a trovare mia madre, mio fratello e mia sorella, io potrei pagarlo per il disturbo e fargli avere soldi sufficienti a portarli con sé a Quetta. Preso dalla foga non ho neppure atteso che mi dicesse sì o no e sono partito con uno spiegozzo su dove abitavano e via dicendo, sempre che fossero ancora a Nava, ovviamente, o per lo meno nell'Hazarajat.

Il mio amico, un ragazzo gentile con cui di tanto in tanto andavo a giocare a calcio finito di lavorare in fabbrica, mi ha lasciato parlare (ero sovreccitato, da non respirare) e quando finalmente ho finito ha detto che per lui era troppo complicato condividere quella valanga di informazioni con i suoi e che rischiava di incasinarsi: Facciamo che ti do il numero di telefono di mio padre, lo chiami in Pakistan e gli parli tu, va bene?

E così ho fatto. Gli ho telefonato. Suo padre – che da ora in poi chiameremo *mama* Asan – è stato gentilissimo. Per prima cosa mi ha detto di non pensare ai soldi. Ha affermato che, se mia madre era nell'Hazarajat senza sapere se ero vivo o morto così come io non sapevo se lei era viva o morta, be', per lui andare a cercarla era un dovere.

Ho risposto che, anche se per lui era un dovere, avrei comunque pagato il viaggio e il disturbo e tutto quanto, perché il senso del dovere è una buona cosa, ma pure i soldi sono importanti. E poi era un viaggio pericoloso. In una zona di guerra.

Mi sono messo buono buono ad aspettare. È passato diverso tempo. Avevo quasi perso le speranze. Poi, una sera, ho ricevuto una telefonata. Era *mama* Asan. Mi ha salutato, ha raccontato che trovarli non era stato per niente facile perché erano andati via da Nava e si erano trasferiti in un villaggio in un'altra zona dell'Hazarajat, ma che alla fine ci era riuscito e che, quando aveva spiegato a mia madre che ero stato io a mandarlo e che desideravo che si trasferissero a Quetta, lei lì per lì non ci aveva creduto. Neppure mio fratello. Non volevano partire. Aveva faticato a convincerli. Poi ha detto: Aspetta. Voleva passarmi al telefono qualcuno. E mi si sono riempiti gli occhi di lacrime, perché avevo già capito chi era, quel qualcuno.

Ho detto: Mamma.

Dall'altra parte non è arrivata nessuna risposta.

Ho ripetuto: Mamma.

E dalla cornetta è uscito solo un respiro, ma lieve, e umido, e salato. Stava piangendo anche lei. Ci parlavamo per la prima volta dopo otto anni, otto, e quel sale e quei sospiri erano tutto ciò che un figlio e una madre possono dirsi dopo tanto tempo. Siamo rimasti così, in silenzio, fino a quando la comunicazione si è interrotta. In quel momento ho saputo che era ancora viva. E forse, lì, mi sono reso conto per la prima volta che lo ero anch'io.

01.

Nonostante non ci parlassimo da otto anni, nonostante la mia voce fosse cambiata, mamma mi ha riconosciuto subito. Io la sua voce non la ricordavo. I primi tempi mi era capitato di provare a rievocarla, ma senza successo e con grande dolore. Le voci erano state le prime a sparire, prima dei volti e di altri dettagli. Ma appena l'ho sentita – ed era la sua, non c'era dubbio – è stato come riprendere a respirare dopo una lunghissima apnea. Dal fondo della schiena è partito un brivido, è corso lungo la spina dorsale e mi è esploso nel cervello.

Come ho detto, quella prima volta non ci siamo scambiati altro che singhiozzi, finché non è caduta la linea. Poi l'uomo ha richiamato e me l'ha passata di nuovo, ma eravamo comunque troppo emozionati per parlare davvero e non siamo riusciti a fare altro che ammucchiare parole goffe. Il giorno dopo, allora, terminate le lezioni nella scuola che frequentavo, il Lagrange, dove stavo facendo la terza e studiavo per diventare un operatore tecnico per i servizi sociali, mi sono precipitato in un call center di Porta Palazzo, non distante dalla sede dell'istituto, e l'ho richiamata.

Ha risposto un uomo che non era *mama* Asan, ho detto chi ero e un istante dopo eccola di nuovo, la sua voce, *ossigeno*, che mi faceva il solletico dentro la testa. A quel punto ci siamo concentrati entrambi per non continuare a lanciarci addosso emozioni come palle di neve a settemila chilometri di distanza, abbiamo iniziato a parlare davvero, a dire cose che avevano un senso, o per lo meno ci abbiamo provato – diciamo che è andata sempre meglio, di volta in volta. Ricordo che la telefonata costava sessantotto centesimi al minuto e la linea cadeva di continuo per cui ogni volta che rifacevo il numero mi toccava ripagare lo scatto alla risposta, una cosa che normalmente mi avrebbe fatto imbufalire visto che non avevo soldi da sprecare, ma ero talmente felice di parlarle che avrei speso qualunque cifra.

Come potete immaginare di cose da raccontarci ne avevamo – oh, se ne avevamo! Da entrambe le parti c'erano avventure rocambolesche su cui piangere, ridere, spaventarsi, magari tirare un sospiro di sollievo o che so io, e invece no: la cosa incredibile è stata che senza dirci niente, senza concordarlo, abbiamo entrambi preso a parlare di questioni banali – la mia quotidianità, la sua. Insomma, del presente, non del passato.

Una delle prime cose che mi ha chiesto è stata se mangiavo. Cioè, dico: *se mangiavo*. La domanda che una madre qualsiasi farebbe a un figlio qualsiasi, lontano da casa per una gita o una vacanza studio. Ho risposto che mangiavo parecchio, su questo poteva scommetterci, e che da quel punto di vista, a essere sinceri, non potevo finire in un posto migliore. Ho detto: Mamma, sono in Italia, certo che mangio!

Abbiamo parlato della famiglia che mi ospitava, della casa, della scuola. Quanto è stata felice di sapere che mi ero rimesso a studiare: felicissima. Io, da parte mia, volevo avere notizie di mio fratello e mia sorella. Stavano bene, erano sempre rimasti insieme, mia sorella si era sposata. *Sposata?* E aveva una figlia. *Una figlia?* Non potevo crederci. Stavamo parlando della bambina che mi puliva la faccia quando piangevo e mi spalmava di unguenti se cadevo lungo la riva del fiume rincorrendo i compagni di scuola; ma che ora, a pensarci, aveva più di vent'anni e per la nostra cultura era normale che fosse sposata e avesse dei figli.

Ho chiesto a mamma di parenti e amici che avevo a cuore. Qualcuno era morto. Altri erano stati costretti a trasferirsi. Altri erano ancora nei campi profughi e chissà per quanto tempo ci sarebbero rimasti. Di molti non aveva notizie. Pochi erano riusciti a restare nelle proprie case, qualcuno vi era tornato ed era dovuto andare via di nuovo. La sofferenza, nell'Hazarajat, la mia terra meravigliosa, era ancora ovunque, come l'umidità, nell'aria che si respirava, nel fango delle strade, nelle mine antiuomo che assomigliavano a giocattoli, tra i rami dei pruni e il fumo dell'oppio. Mamma ha detto che dovevo considerarmi fortunato, molto fortunato, che era come se avessi trovato un passaggio segreto per uscire dall'altra parte del mondo. Una porta magica. Come – mi viene in mente – quelle di cui parla Mohsin Hamid in *Exit west*, un romanzo bellissimo che ho letto tempo fa. Ci entri e quando superi la soglia ti ritrovi in Europa o in America.

Mamma ha detto questo – il passaggio segreto, eccetera – perché ovviamente non le avevo raccontato nulla del mio viaggio. Gliel'avessi raccontato, avrebbe scoperto che altro che passaggio segreto: non era certo andata così. Niente magia, nessuna soglia da superare per poi – *hop!* – prodigiosamente ritrovarsi a Londra o che so io.

Mamma non ha mai chiesto cos'era successo dopo che mi aveva lasciato a Quetta; non l'ha mai chiesto e io non gliel'ho voluto dire. Non ha mai saputo ciò che ho attraversato in quei cinque anni. Non ha saputo della fabbrica di Qom e della pietra che mi è caduta sulla gamba aprendomi la carne; del poliziotto di frontiera che mi ha rubato l'orologio e di quelli che mi hanno quasi ucciso sparandomi addosso al confine con l'Iran. Non ha mai saputo dei ventisei giorni di cammino in mezzo alla neve per arrivare in Turchia, dei morti a cui ho rubato le scarpe, dei tre giorni nel doppio fondo del camion, lanciato attraverso la Cappadocia, con due bottiglie: una per bere, una per pisciarci dentro. Non ha saputo di Liaqat, caduto in acqua mentre stavamo attraversando il tratto di mare che separa Ayvalik da Lesbo, della vita terribile ad Atene, delle notti confuse a Ostiense; della paura e delle domande; della rabbia e della spossatezza. Quel logorio che ancora oggi, di tanto in tanto, sento scavare nelle ossa, come certi vermi del deserto. Dei fantasmi che a lungo mi hanno fatto visita la notte. Non le ho mai detto nulla – raccontato nulla. Perché avrebbe sofferto. E non volevo.

Cosa sarebbe cambiato?

Informarla non avrebbe modificato i miei ricordi né certamente cancellato i fatti. Le ho detto che il viaggio era stato complicato, sì, i soliti casini coi trafficanti – vatti a fidare, di quelli – ma che non valeva la pena stare lì a rivangare; la cosa importante era avercela fatta. Ero arrivato in un posto sicuro, andavo a scuola, avevo degli amici, e soprattutto mi era stato riconosciuto lo status di rifugiato, cosa che mi consentiva di progettare una nuova vita in Europa.

È andata così. Dal momento in cui ci siamo sentiti e abbiamo ricominciato a parlare è stato come se avessimo, senza dircelo, concordato di concentrarci sul presente e sul futuro senza tirare in ballo un passato che rischiava di ingolfare i discorsi. Perché parlarne avrebbe voluto dire affrontare la notte d'autunno al *samavat* Qgazi di Quetta, quando mi aveva fatto fare tre promesse e al mattino non l'avevo trovata più; significava decidere se ero arrabbiato e se c'era qualcosa da perdonare, se l'avevo già perdonata o se invece dovevo ringraziarla.

Troppo difficile.

Ma questo significa che anch'io, per molto tempo, non ho saputo esattamente che cos'era capitato a loro dal ritorno di mamma da Quetta agli attentati dell'undici settembre, e poi, ancora, dall'inizio dei bombardamenti americani al giorno in cui un uomo, incaricato da me di cercarli, era misteriosamente apparso alla porta accompagnato da una signora di Nava che molto tempo prima si era beccata un proiettile in fronte – lo so è strano, ma poi ve lo spiego.

Una storia così.

Una storia che, alla fine, mi ha raccontato mia sorella. Non molto tempo fa.

02.

Prima di questo, però, ho bisogno di condividere alcune informazioni sull'Afghanistan. Il fatto è che le vicende che ci riguardano sono legate a quelle del posto in cui nasciamo e, a seconda di dove si nasce, a quelle della comunità cui si appartiene. La mia, quindi, è legata alla storia dell'Afghanistan e degli hazara. La prendo da lontano ma faccio in fretta, giuro.

80.000 a.C. – Primi insediamenti dell'uomo di Neanderthal.

60.000 a.C. – Capre selvatiche, ovunque.

50.000 a.C. – In zona si aggira l'Homo Sapiens.

10.000 a.C. – Ancora e soprattutto capre selvatiche.

5.000 a.C. – Vengono costruite le prime case di mattoni, gli uomini vivono in gruppi sempre più numerosi.

2000 a.C. – Nulla di che.

1000 a.C. – Quella vasta porzione di territorio che oggi comprende Iran, Afghanistan e nazioni limitrofe comincia ad animarsi, vi scorrazza parecchia gente e, visto che è una terra magica e bellissima, pare che in questo periodo, secolo più secolo meno, vi nasca il Zoroastrismo, la religione fondata sugli insegnamenti di Zarathuštra. Per gli amici: Zoroastro.

500 anni a.C. – Dario I di Persia detto il Grande, figlio di Istappe eccetera, festeggia nel suo palazzo di Persepoli il *Nowruz*, il nuovo anno, il giorno in cui il sole entra, preciso preciso, al centro dell'osservatorio astronomico costruito nel palazzo. È l'equinozio di primavera: il Capodanno persiano così come lo si festeggia ancora oggi.

300 a.C. – Alessandro Magno e il suo esercito invadono la regione. Pensano di occuparla facilmente, e invece no. Ma alla fine ce la fanno. Pare che osservando le sue nuove terre dall'alto di una collina Alessandro abbia commentato: Ci sono davvero molte capre, da queste parti!

200 a.C. – Il più potente impero dell'antica India, quello dei Maurya, si estende nella parte meridionale dell'attuale Afghanistan. In zona inizia a circolare il Buddhismo.

100 a.C. – Sono secoli in cui eserciti e culture vanno e vengono. Quello che un giorno si chiamerà Afghanistan è il cuore dell'Asia centrale e, vista la posizione strategica, di tanto in tanto qualcuno decide di accaparrarsene un pezzo: a sud, a nord, a est, a ovest. Andrà avanti così per parecchio tempo.

Anno 0 – *Bum!*

100 d.C. – In questo periodo la zona fa parte dell'Impero Kushana, che si estende dal Tagikistan al mar Caspio fino alla valle del Gange.

200 d.C. – Inizia la costruzione dei Buddha di Bamiyan. Due statue enormi, meravigliose, una alta trentotto metri, l'altra cinquantatré, scavate nella roccia, dichiarate dall'Unesco Patrimonio mondiale dell'umanità due anni dopo essere fatte esplodere dai talebani, il 12 marzo 2001. Restano solo delle foto. Pazzesche.

300 d.C. – In zona scorrazzano varie tribù euroasiatiche.

400 d.C. – In zona scorrazzano gli Unni.

500 d.C. – Il formaggio di capra va alla grande.

600 d.C. – Gli Arabi musulmani occupano la regione. Non ci mettono molto perché, nonostante il buon sviluppo culturale dell'area – dall'agricoltura al commercio, dalla scienza alla medicina, dalla matematica alla filosofia –, manca un potere centrale in grado di organizzare militarmente le varie zone governate da tribù locali. Iniziano a picchiare duro su coloro che non si convertono all'Islam. Le popolazioni locali non la prendono bene e scoppiano varie rivolte.

700 d.C. – Casini. Battaglie.

800 d.C. – Gli Arabi vengono cacciati. Ma intanto l'Islam è diventata la religione più diffusa.

900 d.C. – Ora la zona è in mano ai Ghaznavidi, una dinastia di origine turca.

1000 d.C. – Accadono cose.

1100 d.C. – Ne accadono altre.

1200 d.C. – La regione è invasa dai mongoli di Gengis Khan, che la tocca piano e dice di voler conquistare il mondo intero. La loro ferocia è nota. Gengis Khan pianifica la conquista di quello che un giorno chiameremo Afghanistan con particolare cura. Attacca con decine di migliaia di cavalieri. Assedia la città di Balkh, un importante centro culturale, che si arrende subito. Gli abitanti aprono le porte per far entrare i mongoli e quelli danno fuoco a tutto: per Gengis Khan una città che si arrende senza lottare è una città di cui non ha senso conservare traccia, e chi se ne frega se nel corso dei secoli era diventata un riferimento per chiunque studiasse filosofia, astrologia e matematica, oltre a essere uno degli snodi commerciali più importanti lungo la via della seta. Quando Marco Polo passa da lì, una cinquantina di anni più tardi, descrive Balkh come una distesa di polvere.

1300 d.C. – I mongoli regnano sulla zona per un secolo e mezzo, poi passano la palla a Tamerlano. Lui chiude l'epoca delle incursioni dei cavalieri nomadi in Asia e in Europa.

1400 d.C. – Solita roba.

1500 d.C. – Inizia l'epoca dei Safavidi, che vengono dalla Turchia.

1600 d.C. – Safavidi, sempre loro.

1700 d.C. – Nella prima metà del secolo le tribù locali si ribellano e si riprendono il territorio. L'Afghanistan come lo conosciamo nasce qui, nel 1747. Ahmad Shah, comandante militare, decide il nuovo nome della regione: Afghanistan, appunto. *Stan* è un suffisso che in persiano significa "Paese, nazione". *Afghan* è sinonimo di *pashtun*, l'etnia cui appartiene Ahmad Shah.

1800 d.C. – Inizia il *Grande gioco*. Viene chiamato così il conflitto diplomatico (una specie di prova generale della Guerra fredda) tra Regno Unito e Russia per il controllo dell'Asia centrale. Gli inglesi sono ossessionati dall'idea che i russi invadano l'India e decidono che il modo migliore per proteggerla è annettere una parte del territorio afghano, così da creare una zona cuscinetto attorno al confine e bloccare l'eventuale avanzata dei cosacchi.

1839 – *Prima guerra anglo-afghana*. Insomma, va così: gli inglesi tentano di imporre agli afghani un nuovo shah, uno amico loro, rovesciando quello al potere; quello al potere non la prende benissimo; gli inglesi invadono l'Afghanistan; il vecchio shah fugge e quello nuovo, amico degli inglesi, sale sul trono. Ma la cosa non finisce qui. Per un paio d'anni gli inglesi se la godono, fanno il bello e il cattivo tempo e soprattutto pare non si comportino da galantuomini con le donne afghane, cosa che irrita non solo i mariti delle donne, ma la popolazione intera, che alla fine si rivolta. E li caccia. Nel 1842.

1878 – *Seconda guerra anglo-afghana*. La visita di un contingente diplomatico russo a Kabul suggerisce al Regno Unito che è ora di rimettere mano a quel vecchio piano per allargare i confini a difesa dell'India. Tentano la strada della diplomazia, ma gli afghani rimbalzano ogni proposta. Gli inglesi decidono di usare di nuovo le maniere forti: invasione, esercito, eccetera. Vincono e impongono all'Afghanistan un controllo sulla politica estera.

1893 – Tentativo di genocidio degli hazara da parte dell'emiro Abdur Rahman Khan. Circa il sessanta per cento degli hazara viene sterminato.

1914 – Scoppia la prima guerra mondiale. L'Afghanistan rimane neutrale.

1919 – *Terza guerra anglo-afghana*. Sale al trono Amanullah Khan, che dichiara l'autonomia della nazione da qualsiasi potenza straniera, anche per quanto riguarda la politica estera, e attacca gli avamposti inglesi lungo la frontiera con l'India. Dopo qualche scaramuccia, il Regno Unito riconosce l'indipendenza dell'Afghanistan.

1921 – Amanullah Khan promulga la prima costituzione

afghana. È uno che ha viaggiato, un tipo moderno. Lui e la regina Soraya mettono al centro la questione femminile: aprono scuole per bambine, impongono che le donne debbano dare il proprio consenso al matrimonio, vietano che uomini troppo anziani possano sposare ragazze troppo giovani. Ma questa botta di modernità spaventa i capi religiosi e i conservatori in generale.

1928 – E infatti Amanullah Khan e Soraya vengono destituiti e mandati in esilio in Italia.

1939 – Scoppia la seconda guerra mondiale. L'Afghanistan rimane neutrale.

1945 – L'Afghanistan è uno dei membri fondatori delle Nazioni Unite.

1965 – In Afghanistan ci sono ancora dei reali che gironzolano, ma intanto si tengono le prime elezioni nazionali, con tanto di partiti politici conservatori, centristi e progressisti.

1973 – Dopo anni di sommaria tranquillità la monarchia, che conta ancora qualcosa, viene rovesciata da un colpo di stato non violento che instaura un governo repubblicano.

1978 – Cinque anni dopo, nuovo colpo di stato, questa volta violento. Avviene nel secondo mese del calendario persiano, *Saur*, che in Italia sarebbe fine aprile: per questo è chiamata la *Rivoluzione di Saur*. A prendere il potere è un partito di ispirazione comunista che cerca subito l'appoggio dei russi. Siamo in piena Guerra fredda e l'Afghanistan interessa un po' a tutti, sia per la posizione, sia per certe miniere. La faccenda si scalda.

1979 – Il governo afghano è lacerato da faide interne e cospirazioni. I russi, stufi, decidono di mettere definitivamente un piede nella porta. A dicembre l'Armata rossa invade l'Afghanistan. Gli Stati Uniti reagiscono finanziando e armando i *mujaheddin*, i patrioti guerriglieri impegnati nella *jihad*, perché caccino i russi. Tra i vari gruppi di *mujaheddin* ce n'è uno gestito da un certo Osama bin Laden, che nel 1988 dà vita a un movimento fondamentalista paramilitare chiamato al-Qaida. Ne sentiremo parlare.

1989 – I *mujaheddin* ce la fanno, dopo dieci anni di guerra l'Unione Sovietica si ritira dall'Afghanistan. Ora i vari gruppi dovrebbero mettersi d'accordo e dare vita a un governo, ma tutti vogliono una parte di potere e mettersi d'accordo non è facile. L'Afghanistan scivola in una guerra civile che dura anni.

1996 – A imporsi è il gruppo più feroce e fondamentalista: i talebani. Il loro capo è il *mullah* Omar.

2001 – L'undici settembre due aerei di linea si schiantano contro il World Trade Center di New York, un terzo contro il Pentagono e un quarto, diretto a Washington, precipita in aperta campagna. Gli attacchi sono il risultato della *fatwa* emessa da Osama bin Laden, leader di al-Qaida, che ha detto che è dovere di ogni musulmano uccidere gli americani in qualunque luogo. Gli Stati Uniti, sostenuti dalla comunità internazionale, accusano i talebani di proteggere bin Laden e a novembre invadono l'Afghanistan.

Ora, attenzione, prima di tutto, mentre i *mujaheddin* cacciano i sovietici con l'appoggio degli Stati Uniti, accade un'altra cosa rilevante: nasco io. Seconda cosa, negli anni Novanta, mentre i talebani impongono alla nazione la *Sharia*, ossia quella che secondo loro sarebbe la legge di Dio, ma che dice cose che secondo me nessun Dio approverebbe, tipo che bisogna tagliare i piedi ai criminali, che le donne devono affogare il proprio corpo nei burqa ed essere lapidate in caso di adulterio, che è vietato danzare, cantare, dipingere e scrivere libri; ecco, mentre accade tutto questo noi hazara cominciamo a passarcela davvero male.

C'è chi dice che gli hazara siano i discendenti dell'armata di Gengis Khan e abbiano una specie di colpa da espiare; c'è chi dice che i padri dei nostri padri erano i koshani, i leggendari costruttori dei Buddha di Bamiyan; c'è chi dice che siamo di origine uigura, una etnia di lingua turca che vive nel nord-ovest della Cina; e c'è chi dice che siamo semplicemente schiavi e come schiavi ci tratta. Di fatto, sappiamo che gli hazara parlano un dialetto persiano in cui si ritrovano parole di origine mongola e turca e abitano una regione montuosa dell'Afghanistan centrale, l'Hazarajat, da almeno cinque secoli.

Il primo tentativo serio di pulizia etnica risale alla fine dell'Ottocento, con l'emiro Abdur Rahman Khan. Lui ce la mette proprio tutta per cancellarci dalla faccia della terra. Inizia con dei dispacci che fa appendere nei luoghi di raduno, nei mercati, nelle piazze, e in cui afferma che il patto stretto col Regno Unito gli impone di risolvere ogni dissidio interno alla nazione e che quindi è inaccettabile che gli altopiani centrali, le montagne, il cuore del Paese, siano abitati da un popolo di peccatori sciiti (lui è sunnita). Che si vergogna degli hazara. Che gli hazara sono una macchia di sudiciume sull'abito da sposa della nazione. E che Dio ha concesso all'emiro (cioè a lui) il diritto di condannarci e sterminarci. I dispacci terminano con frasi liete del tipo *ovunque andrete per voi non ci sarà salvezza* e cose così.

Poco dopo averli fatti affiggere in tutto l'Hazarajat, Rahman Kahn manda le truppe, armate come per combattere chissà quale guerra, a impadronirsi di un territorio abitato soprattutto da contadini e allevatori che potevano giusto difendersi con i forconi, o lanciando mele e albicocche. Visto che la guerra non è mai stata una nostra specialità, le tribù hazara giocano la carta della diplomazia, mandano a Kabul dei mediatori per tentare di trovare un accordo con l'emiro, ma lui li fa impiccare agli alberi lungo le strade.

Con l'Hazarajat occupato fino all'ultimo vicolo dell'ultimo paesino, Abdur Rahman Khan decide di usare il mio popolo come merce di scambio per accaparrarsi le simpatie di alcune famiglie potenti e di quelle tribù con cui non correva buona sangue. Legalizza la vendita degli hazara come schiavi e autorizza i soldati di stanza nell'Hazarajat a fare ciò che vogliono con donne e bambini. Un hazara su tre era suo, dell'emiro, gli altri che se li spartissero pure. Così da tutto il Paese inizia ad arrivare gente per comprarsi un hazara per pochi soldi. Credo facessero pure i saldi. Si stima che a fine Ottocento gran parte delle famiglie pashtun della nazione avessero più di un servo hazara e che in quel periodo oltre il sessanta per cento della popolazione dell'Hazarajat sia stata sterminata o venduta o costretta a scappare in India e in Iran e in Iraq, o anche solo nelle grotte delle località più remote e interne del Paese.

Da allora, con alti e bassi, con periodi più tranquilli e altri più faticosi, l'obiettivo principale degli hazara è sempre stato, anzitutto, evitare di farsi sterminare. I talebani, negli anni Novanta, ci hanno riprovato con particolare entusiasmo. Non ci sono riusciti ma, per dirne una, quando hanno fatto esplodere quei Buddha enormi e meravigliosi scavati nella roccia, nella valle di Bamiyan, con loro hanno spazzato via l'intera popolazione hazara della zona. E dire che durante i dieci anni di guerra contro l'Unione Sovietica il popolo afghano aveva combattuto insieme, senza distinzione di etnie o confessioni religiose. Persino noi, che in guerra non ci siamo mai sentiti comodi, abbiamo fatto la nostra parte. Ma quando i talebani sono saliti al potere, come se nulla fosse, come se niente fosse cambiato, o potesse cambiare mai, ecco di nuovo: l'inferno.

Rohingya in Birmania. Yazidi in Iraq. Uiguri in Cina. Popoli discriminati e braccati, spesso per questioni di religione o di supremazia territoriale. La storia di alcuni angoli di mondo va così, dilaniata da costanti, caparbi tentativi di genocidio.

03.

Come sapete, mia madre la chiamerò *mamma*. Mio fratello, *fratello*. Mia sorella, *sorella*. Preferisco non rivelare come si chiamano. Questo perché vengo da un posto in cui per un niente si rischia di essere uccisi o torturati e non riesco a levarmi di dosso la paura che ciò che racconto, anche per sbaglio, possa mettere in pericolo qualcuno. E poi perché quei nomi ci appartengono: sono loro, miei e non voglio consumarli. Posso dirvi, però, che in famiglia mia sorella era chiamata *gulpari*, petalo di rosa. E mio fratello *norband*, raggio di sole, perché era bellissimo.

Io invece ero chiamato *komai*, grandi guance. Ognuno ha il soprannome che si merita.

Il villaggio dove abitavamo lo chiamerò Nava, così come lo trovate sulle cartine. Significa *grondaia*, perché è adagiato sul fondo di una valle stretta tra due file di monti. Motivo per cui, quando una mattina come tante mamma ha detto: Dai preparati, dobbiamo partire, e io le ho chiesto: Per dove? e lei ha risposto: Andiamo via dall'Afghanistan, ecco, ho pensato che avremmo oltrepassato le montagne, tutto lì. Perché per me l'Afghanistan era tra quelle cime, era quei torrenti, non sapevo quanto fosse vasto.

Ho poi saputo da mia sorella, *gulpari*, che mamma si

era rassicurata con lei, che all'epoca aveva quattordici anni, che durante la sua assenza non facesse mai uscire di casa mio fratello. Mai, fino al suo ritorno. Le aveva detto: Ho avvisato la zia, le ho chiesto di vegliare su di voi. Al cibo pensa lei, tu bada solo a prendere l'acqua una volta al giorno. Vacci al mattino presto, prima che sorga il sole, è il momento in cui c'è meno gente. Oh, e vi ho lasciato dei vestiti puliti, li vedi? Sono lì sotto.

Mia sorella aveva chiesto ragione di quella partenza improvvisa e mamma aveva ripetuto la bugia che si era preparata: Porto Enaiat da un amico di vostro padre, un artigiano che gli insegnerà a lavorare la lana per i tappeti.

Dove?

A Quetta.

Ma è lontano...

Gulpari, non è una quesitone di chilometri. Se la persona che ami non è accanto a te, ogni posto è lontano. E poi, alla domanda su quanto tempo avrei dovuto restarci, aveva risposto: Vedremo.

E di giorno? Cosa dovremmo fare io e *norband* da soli, in casa, mentre ti aspettiamo?

Non lo so, figlia. Inventa delle storie, raccontale a tuo fratello. Lo sai che gli piacciono.

E se lui piange?

Dagli i giochi di Enaiat.

Enaiat non vuole.

Non preoccuparti, daglieli. Enaiat sta diventando un uomo, non ha più bisogno di giochi. Ma non darglieli tutti insieme, uno alla volta, se no non ti basteranno fino al ritorno.

Quando ci siamo salutati, mentre mio fratello, in casa, cercava di catturare un grillo che era entrato dalla finestra, ricordo che mia sorella non riusciva a sollevare gli occhi dai mulinelli di polvere che il vento le disegnava davanti ai piedi. Mamma le ha messo un dito sotto il mento, obbligandola a guardarla, e con la sua voce più dolce, quella di quando ci raccontava le favole, ha detto: Dopo cena affacciati alla finestra. Staremo guardando lo stesso cielo.

Tra arrivare a Quetta, trovare posto al *samavat* Qgazi, farmi fare tre promesse che non ho mai dimenticato, lasciarmi e tornare indietro, nostra madre è stata via due settimane. Quando è tornata a Nava aveva con sé uno chador per mia sorella e un pallone da calcio sgonfio per mio fratello. Ha detto loro che erano da parte mia.

Mio fratello non ha mai amato il calcio, non gli è mai interessato, ma adorava quel pallone. Mamma l'aveva portato in un sacchetto di plastica, schiacciato per questioni di spazio e lui non l'ha mai gonfiato: aveva paura che gli altri bambini gli chiedessero di usarlo e sia mai che si bucasse o che finisse in un crepaccio. Anche mia sorella non ha mai indossato lo chador per quel motivo: per non rovinarlo. Solo, a volte, se lo legava alla vita come una cintura e ci andava in giro per casa.

Sembra che mio fratello abbia chiesto spesso di me, i primi tempi, finché, un giorno dopo l'altro, sono scivolato in un mondo fatto di ombre e sogni. Come capita ai bambini piccoli, che sono poco consapevoli del passare del tempo, alternava ricordi sfocati, recuperati chissà come tra le pieghe della memoria, a periodi in cui si chiedeva se fossi mai esistito davvero, passando dalla nostalgia alla gioia, soprattutto quella di essersi impossessato dei miei giochi. Non di tutti, però. Alcune ossa per il *buzul-bazi*, le più belle, fatte bollire nell'acqua colorata, le aveva chiuse in un sacchetto e nascoste in uno spazio tra una trave di legno e il soffitto. Fossi mai tornato, qualcosa di mio, di non toccato, sarebbe rimasto.

Mia sorella, invece, mi ha raccontato che per lei è stato come se il vento avesse raschiato via i colori – l'acqua era meno azzurra, la neve più grigia. Da noi si dice *lagh*: vuol dire spogliato. Come se, dopo la partenza di qualcuno, la sua assenza avesse mostrato la nudità della casa, dei luoghi. Dopo cena *gulpari* saliva sul tetto, che era leggermente più alto di quello delle abitazioni attorno, guardava la valle e cantava una canzone a cui aveva cambiato le parole. Faceva così:

Khodavan bal par medadi mara
azi kotala gozar medida mara
azi kotal gozar aso namusha
ze berar jan khabar medadi mara.

O Dio onnipotente, dammi le ali,
che possa superare questa collina,
perché questa collina è insuperabile,
così che possa avere notizie di mio fratello.

Ma il tempo è passato e la vita ha ripreso a camminare come è solita fare, senza chiedere il permesso, con le sue urgenze e le sue gioie, e ogni giorno portava impegni e lavori, e nuove paure e qualche motivo per sorridere.

Ciò che non passava mai, invece, nell'Hazarajat, era la prepotenza dei talebani. Branchi di fondamentalisti, più randagi dei cinghiali turchi incontrati ad Ayvalik, quelli che pensavo fossero mucche selvagge, imperversavano nella zona, uccidendo chi avevano voglia di uccidere e vessando contadini e commercianti. Le loro violenze non erano finite con la mia partenza. Anzi, se possibile erano peggiorate. Anche se mamma, dal suo punto di vista, pensava di aver risolto il mio personalissimo problema – la questione del debito eccetera – portandomi lontano da chi voleva usarmi come schiavo come ai tempi di Rahman Kahn, ecco, loro continuavano a scorrazzare, a lapidare le donne, a sgozzare vecchi e adolescenti.

Sperava che magari sarebbe potuta restare a Nava per farci crescere mia sorella e mio fratello, ma così non è stato. Un giorno ha capito che l'unica cosa da fare era andare via: dovevano andarsene pure loro, anche se lei, Nava, non avrebbe voluto lasciarla mai, perché diceva che era l'unico posto in cui un giorno io sarei potuto tornare a cercarli. Ma ogni cosa era fatica e paura. Anche solo uscire di casa per andare al pozzo o attraversare un vicolo per raggiungere la casa di un parente; per non parlare del lavoro, della difficoltà di raggranellare i soldi necessari ad acquistare del riso, del sapone o dei fiammiferi. Ora so che mamma ha provato in tutti i modi a restare, ma non è stato possibile. Così una mattina ha riempito una borsa – cose da portare via non è che ce ne fossero molte – e si sono incamminati verso Ghazni.

In un'area dismessa ai margini della città, arida, pietrosa, c'era un campo profughi, uno di quelli vecchi, attivo dai tempi della guerra civile. Avrebbero chiesto accoglienza. Non c'erano mai stati, ne avevano solo sentito parlare; non sapevano con esattezza cosa aspettarsi, ma speravano di sentirsi più protetti che a Nava e che qualcuno procurasse loro il necessario per la sopravvivenza quotidiana. Purtroppo, non hanno impiegato molto a scoprire quali fossero le reali condizioni di vita del campo. Era un postaccio: sporco, malridotto, gestito male. Persino mio fratello, il più piccolo di tutti, era costretto a trascorrere le giornate rovistando tra le rocce o nell'immondizia per recuperare cose, cose qualsiasi: oggetti di metallo o di plastica, legna, anche quella fine, buona solo per far attecchire la fiamma, oggetti apparentemente inutili che invece potevano servire a loro o a qualcun altro, ed essere barattati. A causa della siccità il cibo scarseggiava. La gente moriva di fame. Se cuocevano il *khamri*, il pane piatto che mangiamo noi, simile alla pita greca e al *naan* pakistano, ogni porzione era divisa con precisione millimetrica e ogni briciola raccolta e conservata.

In mezzo a quella miseria, tuttavia, appena arrivati al campo, era successa anche una cosa straordinaria: avevano incontrato mio zio, il fratello di mamma, con la sua famiglia. Erano andati via da Nava anche loro in cerca di qualcosa, forse di un po' di fortuna, prima che lei mi portasse a Quetta, e da allora non si erano più visti e neppure avevano avuto notizie l'uno dell'altra. Rivedersi, d'un tratto, tra la follia e la desolazione di quel luogo, era stato come bagnarsi nel fiume nel giorno più caldo dell'anno.

Nel campo profughi di Ghazni sono rimasti tre mesi. Poi non ce l'hanno fatta più. Hanno deciso di spostarsi a Kabul insieme allo zio e ai cugini in un altro centro d'accoglienza dove si diceva le cose funzionassero meglio, uno di quelli gestiti dalle organizzazioni umanitarie. Girava voce – le informazioni dalle mie parti sono spesso poco più che dicerie che a tratti sfumano nella leggenda – che procurassero una tenda a ogni nucleo famigliare; che distribuissero ogni settimana del riso; che ogni tre mesi consegnassero taniche di grasso vegetale per cucinare; che per i bambini ci fosse la possibilità di frequentare una scuola; che medici volontari, di tanto in tanto, buttassero un occhio ai malati; e che ci fosse acqua in abbondanza, per bere e per lavarsi.

In effetti, qualcosa era vero. Non tutto. Ma abbastanza da far pensare a mamma e allo zio di non aver sprecato tempo, sudore e suole delle scarpe a spostarsi da Ghazni a Kabul. Certo è che neppure quel posto era una pantofola. Durante l'inverno il freddo ti strappava la pelle, le tende non erano riscaldate e al loro interno non si potevano accedere fuochi per paura degli incendi. Ogni persona aveva a disposizione una sola coperta di lana data da chi gestiva il campo. Una. Che per l'estate poteva anche andare bene, ma d'inverno no. E infatti, mamma e lo zio hanno fatto presto ad accorgersi che, nei mesi freddi, la gente passava più tempo a scavare tombe che a bere *chay*, a scavare nella terra ghiacciata, che già è dura di per sé, ma lo è ancora di più se lo si fa per dare sepoltura ad anziani che normalmente non sarebbero neppure da considerare tali, a bambini che non avevano mai fatto volare un aquilone perché i talebani avevano vietato pure quello, o a madri che avevano prestato ai figli la loro unica coperta.

Era così che andava: nel migliore dei campi.

Finché, dopo alcuni mesi, lo zio ne ha avuto abbastanza anche di quel posto, e ha deciso di ripartire e raggiungere l'Iran con la famiglia. All'epoca non lo sapevo e non potevo saperlo ma aveva deciso di raggiungere Esfahan, la città dove io, nello stesso periodo, stavo lavorando in un cantiere edile. Chissà, forse ci siamo pure sfiorati, ma non lo sapremo mai. Forse mentre *kaka* Hamid andava a fare la spesa per gli operai irregolari, tra cui me, si è ritrovato in fila davanti al venditore di fagioli accanto a mio zio. Pensate se anche mamma si fosse decisa per quel viaggio. Pensate se fosse passata a piedi davanti al cantiere, pensando, senza fermarsi, che le sarebbe piaciuto un giorno vivere in una casa come quella, e dietro al muro, a mescolare calce, a scavare una buca per seppellire il sacchetto di plastica in cui nascondevo la mia paga, ci fossi stato io. Per quanto ne so, per quello che ho capito, il caso non ha paura di essere più assurdo e beffardo di quanto normalmente siamo portati a credere.

Ma lei non voleva andare così lontano. Già Kabul le sembrava distante dal suo amatissimo Hazarajat. E non sapendo del mio trasferimento in Iran, a Esfahan, ha pensato che – pur restando improbabile che ci rivedessimo – più s'allontanava più sarebbe stato difficile che un giorno quell'accidenti di miracolo potesse capitare.

Non me l'ha mai detto, ma credo che in quel periodo, ogni tanto, abbia dovuto combattere con il rammarico di avermi portato a Quetta. Credo che la sera, avvolta dai mormorii che provenivano dalle tende vicine, si sia ritrovata a pensare che se avesse atteso, se le fosse venuta in mente un'altra soluzione, sarei potuto essere ancora lì con loro, seppure in quella situazione complicata. Per lo meno saremmo stati insieme. Ma chi può dire cos'è meglio e cosa è peggio? Chi conosce davvero il futuro? Aveva pensato di affidarmi alla strada per salvarmi la vita e magari, chissà, permettere a mio fratello e mia sorella di continuare a vivere nella casa in cui erano nati; continuare a vivere nel calore della propria storia e della propria memoria. Che detto così, con questo candore, è uno di quei sogni che dalle nostre parti si può concedere solo chi ha lo sguardo offuscato dall'amore e dalla mancanza di istruzione, gente semplice abituata a fare i conti con la fortuna e con la magia più che con l'analisi della realtà, perché gli strumenti per analizzare e comprendere la realtà non glieli ha mai dati nessuno. Una persona come mia madre.

Sono quindi rimasti nel campo profughi, quella primavera, lei, *norband* e *gulpari*, e poi d'estate, e di nuovo è arrivato l'autunno – l'autunno del 2001 – la stagione in cui di solito il cielo è più terso che mai e che quell'anno, da un giorno all'altro, si è riempito di aerei, enormi, che hanno cominciato a sganciare bombe e missili. Mia sorella li ricorda bene. È lei che me l'ha raccontato. Dice che sembravano mosche: mosche giganti che partorivano in volo. L'aeronautica americana. La risposta agli attentati dell'undici settembre.

È successo all'improvviso, come si fosse aperto un sipario svelando gli attori appostati in silenzio tra gli arredi della scenografia. Erano già lì, ma tu non lo sapevi.

Era l'inizio di ottobre. Per un mese il cielo s'è chiuso sulla testa della popolazione e ha preso fuoco. Fiamme e fumo si alzavano dalla città e dai dintorni. C'era una base dei talebani? Missili. C'era qualcosa che assomigliava a una base dei talebani? Missili. Passava una macchina con dei talebani sopra? Missili. Passava una macchina? *Chi c'è sopra? Chi se ne frega! Spara!* E giù altri missili. Giorno e notte, su tutti e su tutto. Migliaia di morti, tra cui moltissimi civili. Le cifre ufficiali parlano di quasi cinquemila vittime nei primi quattro mesi di bombardamenti, ma altre arrivano a ipotizzare fino a ventimila civili rimasti uccisi nel corso del primo anno di guerra in conseguenza degli attacchi, e per le ferite, la fame, le malattie non curate.

L'intero popolo afghano in quei giorni ha avuto l'impressione di stare per morire; che rimanesse giusto il tempo di rivolgere a Dio un'ultima parola, caso mai ci fosse qualcosa da farsi perdonare, e poi via – tanti saluti. E non solo a Kabul, che essendo la capitale era dove gli americani avevano concentrato gli attacchi per costringere i talebani a sgombrare gli uffici governativi, ma anche nelle valli, nelle campagne, nelle province più remote. Magari era un pomeriggio non diverso da altri, né più solenne o trafficato, un pomeriggio che fino a un attimo prima gli uccellini cinguettavano, le capre rovistavano nell'erba, e c'era chi scendeva al fiume a prender l'acqua, chi stendeva i *pirhan* ai fili tirati tra i rami dei peschi e un istante dopo esplosioni, spari, fiamme, urla, animali in fuga, odore di sangue; eri seduto a sgranare piselli in cortile, sentivi il calore del sole sulla faccia, gli occhi socchiusi, e un secondo dopo stavi urlando il nome dei tuoi figli, urlando e pregando; il tempo di gettare due stracci in una borsa, rialzarti, ché nella foga eri pure inciampato nel secchio, ed eccoti per strada a correre nella polvere, due bambini per mano, i piccoli sulle spalle dei grandi, gli anziani con il bastone e fa' che non sparino verso di noi, fa' che non sparino da questa parte.

Poi, un poco alla volta, così mi ha raccontato mia sorella, il cielo si è liberato degli aerei, gli attacchi sono diminuiti e la terra ha smesso di tremare. Il suo primo ricordo, a quel punto, è la musica. Improvvisamente ha cominciato a sentire della musica, che da anni era proibita, tranne quella proveniente dalle moschee impastata alla voce dei *muezzin*. C'era musica ovunque. Usciva dalle case e da sotto le pietre. Sembrava che ogni singolo *rubab* e *dambora* tenuto nascosto per anni negli armadi cercasse di accordarsi agli altri. Dalle radio sgorgavano le canzoni di Dawood Sarkhosh e Ahmad Zahir e musica pop indiana e pakistana.

Gli americani sono scesi dal cielo e si sono visti anche per le strade.

E Kabul era un'altra città.

04.

Insomma, a suon di bombe più o meno intelligenti gli Stati Uniti non avevano impiegato molto a rovesciare il governo talebano e a obbligare al-Qaida a rintanarsi da altre parti, tipo nelle caverne del complesso di Tora Bora, tra le Montagne Bianche dell'Afghanistan orientale, o a spostare le proprie basi in Pakistan, dove poi, nel 2011, i Navy Seal, i corpi speciali della marina americana, avrebbero scovato e ucciso Osama bin Laden: ma questo significava semplicemente aver vinto una battaglia (la prima di molte), non certo la guerra. In pratica avevano tolto le briciole dal tavolo buttandole per terra e sparpagliandole per la stanza, ma non è che le briciole fossero scomparse. La situazione si è presto complicata. I talebani e altri gruppi radicali hanno iniziato a riorganizzarsi e a riconquistare pezzi di territorio, la guerra è diventata guerriglia e si sa che nella guerriglia ad avere la peggio sono sempre i civili, la povera gente, quelli che restano schiacciati tra le forze in lotta.

I russi negli anni Ottanta temevano che l'Afghanistan si trasformasse nel loro Vietnam, e avevano ragione: le cose erano andate esattamente così. Gli americani, invece, dopo il Vietnam, avevano ritrovato fiducia in loro stessi grazie al successo della prima guerra del Golfo ed erano convinti che in Afghanistan l'avrebbero risolta in fretta così come l'avevano risolta in fretta in Iraq – ma così non è stato. Quella in Afghanistan è diventata la guerra più lunga e costosa della loro storia.

Un giorno che nel campo profughi di Kabul si respirava odore di neve, mesi dopo l'arrivo degli americani, mamma ha preso da parte mia sorella e mio fratello, li ha fatti entrare nella tenda perché stessero al caldo, per quanto caldo potesse fare nella tenda, ha detto loro di sedersi e ha comunicato il suo proposito di tornare a Nava a vedere com'era la situazione.

Mio fratello è subito saltato su, eccitato, strillando che sì, era un'idea meravigliosa, fantastica: Credi che Rahim ci sia ancora? E Liaqat? E Suleyman? Non vedo l'ora di rivedere Suleyman, devo raccontargli un sacco di cose, tipo quando...

No, ha detto mamma sollevando la mano destra con dolcezza: È meglio che vada da sola. Per adesso, voi aspetterete qui.

Mio fratello ha fatto la faccia da cammello triste, un'espressione che sapeva fare solo lui, su cui aveva lavorato parecchio – se non avete presente com'è, insomma, provate a immaginare un cammello di cera che si scioglie sotto il sole del deserto. Voglio venire anch'io, ha mugugnato.

Perché vai da sola? ha chiesto mia sorella grattando via una crosta di terra dallo chador. Era chiaro che non era contenta. Non le piaceva l'idea di restare nel campo senza mamma, e in più era preoccupata perché sapeva che il viaggio non era esente da pericoli, come qualunque altra cosa in quel momento, per altro.

Perché non so esattamente cosa troverò. Se non c'è la possibilità di tornare a casa nostra, è meglio non perdere il diritto su questa tenda. Dovete continuare a occuparla.

Ma noi...

Cosa?

Noi non vogliamo rimanere qui senza di te.

Lo so. Tornerò presto, *gulpari*, lo prometto. Oppure vi farò venire a prendere. Si occuperà di voi la famiglia di Soraya. Siamo già d'accordo. Tu e Soraya siete buone amiche e i suoi genitori sono persone gentili.

Ma se ti succede qualcosa?

Non succederà.

Ma se succede?

Allora, *gulpari*, è meglio che succeda a me soltanto. Ma vedrai che andrà tutto bene. Sai, viaggerò insieme alla famiglia di *lalai* Homayoon, sperando che stia un po' zitto. A Nava spero di trovare almeno una delle vostre zie. Capirò cos'è meglio fare. Mamma ha sospirato e ha alzato lo sguardo per studiare il cielo attraverso uno strappo nel telo della tenda. Sarebbe bello poter rientrare nella nostra casa, ha detto.

Sarebbe bello sì, ha annuito mia sorella.

Mi piacerebbe così tanto rivedere Suleyman, ha detto mio fratello. E ci sono ancora i giochi di Enaiat nascosti sopra la trave.

Quali?

Le ossa colorate per il *buzul-bazi*.

Ba omidi khoda, ha annuito lei. Vedremo cosa ci riserva il destino.

In effetti la casa c'era ancora, pure le ossa colorate, e la situazione a Nava, a quel punto, non era peggiore che nel campo profughi di Kabul. Due settimane più tardi mamma ha fatto avere ai genitori di Soraya un messaggio, che per favore affidassero mia sorella e mio fratello ad alcune famiglie hazara che, sapeva, si stavano preparando a rientrare dalle nostre parti.

Tornare a Nava è stata una gioia grande per tutti e tre. Lì ogni sasso parlava di loro, della nostra famiglia. A mamma piaceva vivere in mezzo ai fantasmi, sostare su uno scalino che aveva conservato l'eco dei passi di mio padre, fermarsi a riposare lungo un sentiero che associava a un pomeriggio particolare della sua giovinezza, passare a trovare amiche e parenti, per lo meno quelli che non erano morti o che non erano fuggiti. Altri, nel frattempo, stavano tornando alla spicciolata. E poi c'erano i vecchi compagni di giochi di mia sorella e mio fratello, insomma: tutto ciò che ti fa sentire a casa in un luogo.

Non è che non ci fossero più pericoli, figuriamoci: i talebani non sono mai stati in grado di assicurare un vero e proprio controllo sulla teppaglia che compone le bande locali. Era vero che, per quanto riguardava il dominio della nazione, erano stati sconfitti e che a Kabul avevano smesso di andarsene in giro alla luce del sole, ma in provincia, nelle campagne, era pieno di quel tipo particolare di idiota che, come dice un'amica mia, fa la guerra semplicemente perché non è capace a fare l'amore, per sfogare le proprie frustrazioni, insomma gentaglia, la cui più grande soddisfazione era andare in giro a sparare, a sgozzare o a farsi saltare in aria convinti di vincere settantadue vergini e una scatola di caramelle; marmaglia la cui fede a volte arretrava davanti a una manciata di banconote, che però, nelle tasche dei miei concittadini, certo non abbondavano.

Come non bastasse, in quel periodo si sono aggiunte le preoccupazioni per la siccità, che ormai durava da tre anni e non accennava a levare le tende. Cavare qualcosa dal terreno era sempre più difficile, i pozzi erano secchi, l'acqua potabile era diventata un bene prezioso e nella stagione del raccolto i rami degli alberi si lasciavano spezzare dal vento, imbarazzati, piuttosto che essere costretti a vedere la delusione negli occhi dei contadini.

Molti dicevano che in certe zone dell'Hazarajat, meglio servite dai ghiacciai e dalle fonti sotterranee, la situazione era meno drammatica, ma mamma non voleva rimettersi in viaggio un'altra volta. Ancora? Un'altra casa? Altra gente sconosciuta? No, basta. E così ha resistito quattro anni in quelle condizioni. Anzi, hanno resistito. Lei e i miei fratelli. Fino alla fine del 2005. Hanno resistito finché hanno potuto perché al netto della fatica non c'era cosa peggiore che sradicarsi di nuovo, ma a un certo punto non ce l'hanno più fatta. Si sono guardati attorno, hanno chiesto in giro, e per la quarta volta in cinque anni hanno ripreso a sollevare polvere con i piedi, dirigendosi con altre famiglie verso una valle interna in cui si diceva ci fossero ancora delle riserve d'acqua e delle case abbandonate da occupare.

Il fatto, ecco, è che mentre loro si mettevano in viaggio per l'ennesima volta, io ero arrivato da poco in Italia. Non sapevo dov'erano, come se la passavano, e a essere onesti ancora non ci pensavo granché, per quella questione che pensare a loro mi faceva soffrire, e perché non avevo ancora incontrato la commissione che doveva decidere se attribuirmi lo status di rifugiato. In quel periodo preferivo concentrarmi su me stesso e sul dare un senso alla fatica di quegli anni, che in pratica significava studiare studiare studiare.

Ora, però, so che mentre io imparavo l'italiano mia sorella si sposava, tanto per dirne una – e metteva al mondo una figlia, la prima. Che lei e suo marito si stavano preparando a emigrare in Pakistan. Ora so che c'è stato un momento in cui io, se avevo fame, non dovevo fare altro che aprire il frigorifero, mentre loro per mettere qualcosa in tavola dovevano stendere una coperta per terra, al mercato, e provare a vendere qualche carabattola recuperata da mio fratello nelle discariche. Che mentre io coglievo ogni possibilità per farmi vedere, per raccontare la mia storia, per parlare dell'Afghanistan e degli hazara, loro erano ancora costretti a nascondersi, e a raccontare, a urlare il loro dolore manco ci pensavano.

Finché, nel 2008, ho chiesto a *mama* Asan di mettersi in viaggio. E lui ha accettato.

Come prima cosa *mama* Asan, che viveva a Quetta, in un sobborgo abitato solo da hazara chiamato Hazara Town, si è fatto portare oltre confine dai trafficanti. Poi ha visitato diversi campi profughi, il posto in cui era più facile avere informazioni perché ogni campo registrava i residenti. Non trovandoli ha raggiunto Nava. Lì ha iniziato a battere casa per casa chiedendo a chiunque se conosceva la famiglia di un certo Enaiatollah Akbari, ma era passato tanto di quel tempo, da quando ero partito, e così tante cose erano capitate che ormai non erano rimasti in molti a ricordarsi di me. E anche fosse: nessuno si sarebbe arrogato il diritto di aprire bocca; tantomeno di indicare il luogo in cui mamma e i miei fratelli si erano trasferiti. Il clima tra la gente era tornato ai tempi della guerra civile, dove nella stessa casa potevano esserci parenti che litigavano e si consideravano nemici per questioni politiche, per cui nessuno diceva niente a nessuno. Esprimersi liberamente era un lusso. Il sistema di spionaggio dei talebani era terrificante e capillare. Non parlate ad alta voce, dicevano gli anziani, neppure se siete soli di fronte a un muro, perché nel muro abitano i topi e anche i topi hanno orecchie. Ricordate che ci sono tre tipi di nemici, dicevano: il nemico, gli amici del tuo nemico e i nemici dei tuoi amici.

Era questo il clima attorno a *mama* Asan mentre andava in giro a fare domande.

Non lo ringrazierò mai abbastanza per il coraggio che ha avuto.

Salaam sahib. Conosce un ragazzo di nome Enaiatollah Akbari? Sa dove posso trovare la sua famiglia?
Chi?
Enaiatollah Akbari.
Mai sentito.
È nato a Nava. La sua famiglia è di qui. Ora è in Italia e mi ha mandato a cercarla.
...
Quindi non li conosce?

Ho detto di no.
Lei è di Nava, *agha sahib*?
Io?
Sì.
Perché me lo chiedi?
Sa a chi posso rivolgermi per avere notizie di questa famiglia? È importante. Il figlio conta su di me per ritrovarla.
No, non lo so.
Va bene. *Khoda negahdar, sahib*. Grazie lo stesso.

Agha sahib, agha sahib, mi scusi, posso chiederle una cosa?
Parla.
Sto cercando la famiglia di un ragazzo.
Quale ragazzo?
Enaiatollah Akbari.
Mai sentito.
Ha abitato in questo paese da piccolo, poi è partito.
E io che c'entro?
Non so, magari conosceva il padre.
Perché mi fai queste domande?
Ecco, il fatto è che Enaiatollah ha raggiunto l'Italia e ora vuole mettersi in contatto con la sua famiglia. Akbari. Le dice niente? Suo padre è morto. Cerco la madre, e con lei il fratello e la sorella, credo siano…
Non so di chi parli.
Oh!
…
Ecco, però mi hanno detto che lei abita qui da sempre e che è una persona importante.

Ti hanno detto male.
Devo essermi sbagliato...
Sì.
Le chiedo scusa. Conosce per caso qualcuno che può aiutarmi?
Tu non sei di queste parti, vero?
Sono nato nell'Hazarajat, ma abito in Pakistan da molti anni.
E cosa fai qui?
Gliel'ho spiegato, sto cercando la famiglia di questo ragazzo, Akbari. È un amico di mio figlio. Si sono conosciuti in Iran...
Mowafaqh basci, uomo, non sarà facile.
Ne sono consapevole, ma...
Un sacco di gente è andata via. Per sempre. Sono partiti e non sono più tornati. Chi cerchi può essere ovunque, potrebbero anche essere morti.
Credo lo sappia anche Enaiatollah. Ma nel caso vorrei poterglielo dire. Attraversato il dolore, forse, troverebbe pace. Sa a chi posso chiedere?
Ciò che posso fare è offrirti un *chay*, se questo può aiutarti.
Un *chay* è sempre una carezza, grazie. E dopo?
Dopo cosa?
Cosa mi consiglia?
Di tornare da dove sei partito.

Mama Asan ha pensato molte volte di arrendersi. Nessuno si fidava, nessuno gli dava informazioni. Da un lato c'era il fatto che dire di essere stato mandato lì a cercare qualcuno da me, un figlio scomparso molti anni prima, più che di una commovente verità aveva l'aria di una pessima scusa, o di una storia di fantasmi. Dall'altro, è vero che mamma aveva detto a pochissime persone dove si stava dirigendo: per proteggere se stessa e i miei fratelli, ma anche per non mettere in pericolo gli altri nel caso in cui qualcuno – magari uno sconosciuto, proprio come *mama* Asan – fosse andato a fare domande: meno sapevano, meno erano costretti a mentire.

Questo perché, se i talebani ti cercavano, non si fermavano davanti a nulla. Rapivano le persone, le interrogavano, le torturavano. Non era escluso che, dopo aver negato di essere in possesso di un'informazione, i talebani o i loro collaboratori maltrattassero il prigioniero per divertimento o per essere certi che stesse dicendo la verità, e se durante la tortura, o di fronte alla tortura di un figlio, di un nipote, di una sorella, a un certo punto, giustamente, il prigioniero cedeva e gli scappava di dire: Basta, basta, vi prego, va bene, lo so, so dove si nasconde, ecco, a quel punto, oltre ad aver tradito la persona che aveva fiducia in lui, non era raro che i talebani se ne uscissero con: Ah ah, ma allora lo sapevi, serpente! Stavi mentendo! Se non ti avessimo torturato non ce lo dicevi!

E finiva che dopo le torture e il tradimento lo uccidevano pure.

Per *mama* Asan le cose sono andate avanti così per giorni, finché in una piazzetta con un melograno al centro, due orecchie particolari l'hanno udito per caso fare la solita domanda – sto cercando la famiglia di un ragazzo eccetera – e quelle orecchie appartenevano a un adolescente con cui, da bambino, ero stato molto amico.

Lo chiamavamo Tīmūr Lang, Tamerlano, perché era zoppo come quel valoroso condottiero mongolo. Si diceva lo fosse perché durante una delle molte carestie che ciclicamente imperversano in Afghanistan, e che per un popolo di coltivatori e allevatori sono ovviamente la più grande catastrofe, carestie oggi peggiorate dalla crisi climatica, ecco, quando i talebani, durante una carestia, avevano chiuso il confine dell'Hazarajat per farci morire di fame, si diceva che la sua famiglia avesse mangiato troppe fave, che procurano non so quale disfunzione, e la zoppia fosse dovuta a quello. Ma non so. Forse era solo una storia come tante che circolavano. In ogni caso, Tīmūr Lang era il più furbo e carismatico di tutti i miei amici, uno di quelli che sapevano sempre come sedurti. Per dire, non potendo correre si inventava nuovi giochi che ci obbligassero a stare fermi, non solo tornei infiniti di *buzul-bazi*, anche altro: lanciare pietre cercando di farle passare attraverso vecchi copertoni, chiudere gli occhi e indovinare l'origine di un suono, cose così. E poi era un collezionista, Tīmūr Lang: di oggetti, di storie, di segreti. Sentiva tutto. Ricordava tutto. Passava da una curiosità all'altra ronzando come un'ape tra i fiori. Sapeva riconoscere il valore e l'indole delle persone scrutandogli nell'anima con quei suoi occhietti penetranti. Capiva subito di che pasta eri fatto. Annusava le tue intenzioni come un cucciolo di yak. Se non gli davi fastidio era il tuo migliore amico, altrimenti conosceva mille trucchi per escluderti o anche solo per farti sentire a disagio, così che tu ti escludessi da solo. Insomma, un leader naturale, proprio come Tamerlano.

E così è finita che *mama* Asan, che da giorni batteva a piedi il paese e le campagne circostanti, una mattina si è accorto di questo ragazzo che lo seguiva caparbio, zoppicando, strisciando all'ombra dei muri, origliando i suoi discorsi con la gente. Temeva fosse una spia di qualche potente del luogo.

Lo ha atteso a un incrocio. Cosa vuoi? ha detto affrontandolo. Hai qualcosa da dirmi? Ti ho visto, sai. È da quando il sole è sbucato dalle cime che mi segui come un topo.

No, è che volevo capire...

Cosa?

Chi sei, ha detto Tīmūr Lang. Perché stai cercando questa famiglia.

La conosci?

...

Non voglio fargli del male, ha sospirato *mama* Asan. Anzi, li trovassi gli porterei la notizia più felice che abbiano mai ricevuto. Allora?

Forse sì. O forse no.

Ah, be', così non mi sei certo d'aiuto...

Dimmi di più, ha detto Tīmūr Lang. Può darsi che mi venga in mente qualcosa.

Fammi delle domande.

Cosa sai di quel ragazzo...

Enaiatollah?

Tīmūr Lang ha annuito.

Mama Asan ha ripetuto ancora una volta ciò che gli avevo raccontato: quando ero andato via di casa e perché e la storia dell'amicizia tra me e suo figlio. Come ho detto, Tīmūr Lang sapeva guardarti dentro, e in *mama* Asan deve aver scovato ogni chicco di coraggio e bontà che conservava nel cuore.

Ed è così che *mama* Asan si è rimesso in viaggio. Ha impiegato quattro giorni a raggiungere, a piedi, la regione dell'Hazarajat in cui mamma aveva trovato una nuova casa. Appena arrivato ha ricominciato con la solita litania ma di nuovo, apparentemente, nessuno sapeva o voleva fornire indicazioni. Il custode della moschea gli ha suggerito di tornare venerdì, che molti si sarebbero ritrovati per la preghiera.

E così ha fatto, ha trovato un posto dove sbattere le ossa per un paio di giorni e il venerdì, pulito e ordinato, si è presentato alla moschea. C'era un'atmosfera di festa, odore di spezie e nell'aria un chiacchiericcio allegro. Ha visto un gruppo di anziani, si è avvicinato ma l'hanno liquidato in fretta. Ha visto un gruppo di uomini giovani e anche loro non avevano niente da dire. Ha approcciato una manciata di adolescenti che ridevano e scherzavano e ha fatto il mio nome e quello della mia famiglia, ma nulla.

Non sapeva che, in quella occasione, uno dei ragazzi del gruppo era mio fratello.

All'epoca *norband* aveva tipo tredici anni, e non solo non ha aperto bocca, ma si è nascosto dietro la schiena di un amico. Ha avuto paura. È comprensibile. Non ha creduto al fatto che *mama* Asan lo avessi mandato io. Come dicevo: dopo tutto quel tempo sembrava una storia di fantasmi. Ha pensato fosse un emissario di quel commerciante che voleva rapirmi dopo la morte di nostro padre e ha immaginato che magari, ora, volesse rapire lui. Ha avuto talmente paura che non lo ha detto neppure a nostra mamma, per non agitarla. Ha fatto finta di niente.

Quella sera *norband* è tornato a casa e si è stretto sotto le coperte facendosi coraggio.

Quella sera *mama* Asan è rientrato dove aveva trovato ospitalità e si è detto che niente, la ricerca era finita: era stanco, era stufo. Ce l'aveva messa tutta. Era via da casa da un sacco di tempo. Al risveglio avrebbe ficcato il naso ovunque per l'intera giornata, ma se non avesse trovato informazioni avrebbe preso in considerazione l'eventualità di tornare in Pakistan; e da lì mi avrebbe avvisato, scusandosi, che non era riuscito a trovarli.

Ma tra le famiglie di Nava che avevano cercato rifugio in quel posto c'era anche quella di una signora, una donna che noi, da bambini, chiamavamo: la signora del proiettile. La storia è questa: un giorno, in viaggio su un autobus tra Qalat e Kandahar, stava dormendo, quando un proiettile vagante, sparato da chissà chi, aveva bucato il parabrezza, graffiato il braccio dell'autista che aveva rischiato di far ribaltare il mezzo, attraversato i poggiatesta di quattro sedili spargendo ovunque l'imbottitura e l'aveva colpita in fronte.

La cosa straordinaria è che il proiettile, dopo tutto quel viaggio e quel bucare vetri e sedili, aveva perso potenza e non l'aveva uccisa. Le si era conficcato nel cranio, ma con una certa delicatezza, senza farle esplodere il cervello. Insomma, non era morta. L'avevano soccorsa e portata in ospedale. Le avevano estratto il proiettile. Era entrata in coma e si era risvegliata.

Il fatto è che al risveglio i parenti si erano accorti che era un po' uscita di testa: tanto per dirne una, la memoria a breve termine era diventata quella di un pesce rosso, mentre invece aveva mantenuto intatta, anzi, ancora più a fuoco, quella a lungo termine, tipo i ricordi dell'infanzia o particolari insignificanti risalenti a decine di anni prima. Aveva anche iniziato a comportarsi in modo infantile, rideva per niente, cantava canzoncine che aveva imparato da bambina dalla nonna. Al crepuscolo, quando andavano al ruscello, le altre donne facevano a gara ad averla vicina, per questa cosa che era pazzerella e metteva allegria. Al fiume, da noi, le donne hanno sempre parlato tanto. Potendo viaggiare poco rispetto agli uomini, il raccontare storie le aiutava a fuggire e ad evocare il mondo. Cosa che per la signora del proiettile era un invito succulento, perché a lei parlare piaceva da matti. Certo, le storie che raccontava erano assurde, a volte simili a fiabe antichissime, ma alle altre donne piacevano.

Fatto sta, insomma, che la signora del proiettile si era trasferita con la famiglia nello stesso posto e nello stesso periodo in cui si era trasferita mia madre.

La mattina dopo la preghiera nella moschea, mentre a migliaia di chilometri di distanza io ero immerso nel sonno, mentre il sole sorgeva dietro le cime dell'Hindu Kush, la catena montuosa che attraversa l'Afghanistan e si sviluppa a Oriente fino all'Himalaya, *mama* Asan è uscito per bere un *chay* e mangiare del pane condito. Non avendo niente da perdere ne ha approfittato per chiedere al contadino che glielo aveva offerto se conosceva la mia famiglia.

Akbari ha detto?

Sì, *agha sahib*.

Mai sentito.

Ora è in Italia. Il figlio, dico. È lui che mi ha mandato a cercarli. Davvero non li conosce?

No.

Enaiatollah, ha detto?

La voce era giunta alle sue spalle. *Mama* Asan si è voltato tenendo il bicchiere del *chay* con entrambe le mani. Una donna stava intrecciando fili di stoffa accovacciata a terra; aveva una cicatrice in mezzo alla fronte.

Sì, sorella, sa forse di chi sto parlando?

Lei ha aggrottato le sopracciglia come per un rumore sgradevole. *Mama* Asan si è accorto che gli occhi della donna guardavano cose che lui non vedeva.

Sorella...

Sua madre lo chiamava *komai*.

Mama Asan ha spalancato la bocca: Chi?

Il piccolo Enaiat.

Lo conosce, quindi?

La signora del proiettile ha riso: In effetti aveva delle guance davvero enormi, e morbide. Si è distratta di nuovo. Si è messa a canticchiare una nenia, poi ha aggiunto: Sua madre, sì.

Cosa?

La conosco.

Sa dove abita?

So dove abita, sì.

E può dirmelo, sorella?

La signora del proiettile è tornata a concentrarsi sull'intreccio dei fili.

Mama Asan ha posato il bicchiere del *chay* e le si è accovacciato a fianco: Mi ha mandato lui a cercarla, il figlio. Enaiatollah. È importante, *khowar*, se sa qualcosa me lo dica.

La signora del proiettile ha annuito: Ricordo una volta, giocava a *buzul-bazi*, aveva battuto non so chi, un suo amichetto. Doveva essere molto forte perché se ne andava in giro saltellando e raccontandolo a chiunque. Ha sorriso, le è sbucata una fossetta sulla guancia e ha indicato la strada in salita che partiva a destra del contadino. Lassù, ha detto. Poi come se un lampo di consapevolezza l'avesse attraversata ha distolto lo sguardo ed è tornata a occuparsi dei fili.

Mama Asan ha scrutato su per la salita: La famiglia Akbari abita lì?

No, ha detto la signora del proiettile, io abito lassù. È meglio se parliamo con mio cognato.

Ecco com'è andata. *Mama* Asan ha incontrato la signora del proiettile che si ricordava benissimo di me e allo stesso tempo non era tanto accorta da cedere alla paura. Lei l'ha portato a casa sua, gli ha presentato il cognato, che lì per lì si è dimostrato diffidente come tutti, ma *mama* Asan non si è arreso, e ha parlato e parlato rispondendo a ogni domanda con calma e con precisione. Alla fine lo ha convinto.

Quando hanno bussato alla porta di casa, mamma stava scrostando una pentola. Mia sorella era partita da quasi un anno per il Pakistan con il marito e la figlia e mio fratello era in giro per i campi con gli amici. Si è chiesta chi poteva essere: a quell'ora di solito non riceveva visite. È andata ad aprire. La luce del sole l'ha costretta a schermarsi con una mano e quando gli occhi si sono abituati ha riconosciuto la signora del proiettile con il cognato. Con loro c'era un uomo, uno mai visto prima. Li ha salutati, li ha fatti entrare e ha improvvisato qualcosa da mangiare. Hanno sbocconcellato gironzolando attorno al motivo principale della visita, come è giusto fare quando arriva un ospite, per farlo sentire a suo agio, finché *mama* Asan con calma ha iniziato a raccontare del figlio, e masticando, preparando il terreno, poco per volta è arrivato a me.

Mi ha telefonato Enaiatollah, ha detto. Dall'Italia. Mi ha chiesto di venire a cercarvi.

Era la prima volta, da quando mi aveva lasciato a Quetta baciandomi nel sonno, nella penombra del *samavat* Qgazi, che mamma sentiva parlare di me. Erano passati otto anni.

05.

Ho saputo da *mama* Asan che mamma non ha mosso un muscolo, tanta era l'emozione. È rimasta senza fiato. Incredula. Dopo tutti quegli anni faticosi non era abituata alle buone notizie. Dopo aver lasciato Nava, soprattutto, si era messa il cuore in pace: con tutta probabilità non mi avrebbe più rivisto. E ora arrivava uno sconosciuto a raccontarle quella storia. No, era troppo bello per essere vero. La vita non era mai stata generosa con lei. Doveva esserci un errore, un inganno. Eppure l'uomo insisteva. Vostro figlio mi ha telefonato, diceva, ha chiamato da una terra lontana, chiedendomi di aiutarvi. Desidera che veniate con me, penserà lui alle spese.
Venire dove?
A Quetta. Ad Hazara Town.
È dove si è trasferita mia figlia, ha borbottato mamma.
Davvero?
Sì.
Perfetto, ha esclamato *mama* Asan, così potrà rivedere anche lei. Partiamo subito.
Mamma ha scosso il capo, ha chiesto all'uomo se, per favore, poteva ripetere di nuovo il mio nome. L'uomo ha ubbidito. Lei lo ha implorato di ripeterlo ancora. *Enaiatol-*

lah. Ancora e ancora, tanto da ubriacarsene e non svegliarsi più, caso mai fosse un sogno; gli occhi le si sono riempiti di lacrime. A quel punto è arrivato mio fratello. Ha chiesto cosa stava capitando. Aveva riconosciuto l'uomo che alla preghiera, qualche sera prima, andava in giro a fare domande. Il piccolo *norband*, che tanto piccolo non era più, lì per lì ha messo anche lui in dubbio il racconto, ha detto: Come facciamo a fidarci? Come possiamo sapere se dice la verità? Ma a quel punto mamma è intervenuta asciugandosi le lacrime con la punta delle dita. Ha studiato l'uomo come se dovesse cucirgli un vestito e ha detto solo che lei, per quanto la riguardava, voleva credergli. Il desiderio, a quel punto, era più importante della prudenza.

Così hanno lasciato l'Afghanistan. Hanno raggiunto Quetta. Come sapete ci siamo sentiti per telefono e da quella prima telefonata occuparmi di loro, anche se a distanza, è diventata la mia preoccupazione principale. E anche la più luminosa. In realtà, potevo fare solo due cose: parlare e mandare soldi. Avevo già messo da parte un gruzzoletto, ma ora me ne servivano altri per dare una mano a mamma e a *norband*, e se necessario anche a mia sorella.

Il primo lavoro l'avevo trovato due anni prima, grazie a una borsa lavoro concessa dal Comune di Torino. Avevo messo via i soldi che, ancora non lo sapevo, ma mi sarebbero serviti per ripagare *mama* Asan del suo coraggio, ed estinto un debito con un amico, contratto dai tempi dell'Iran, quando mi ero fatto prestare ciò che serviva per pagare i trafficanti che avrebbero dovuto portarmi in Turchia attraverso le montagne – la storia delle scarpe rubate ai morti e tutto quanto.

Ero stato assunto in un ristorante che si trova sulla strada che da Torino sale verso l'abbazia di Superga. All'inizio non facevo altro che riempire la lavastoviglie e ricordo che rompevo sempre il gambo delle *flûte*. Forse per evitare che continuassi a fare strage di bicchieri, a un certo punto mi avevano mandato a servire in sala ed era stata una bella cosa, soprattutto per la pratica della lingua, perché avevo a che fare con i clienti. C'era un piatto, una specialità della casa, la *tinca gobba del pianalto di Poirino*. Ogni volta che dovevo dirlo incespicavo, era un disastro. Allora a casa, o per strada, passavo il tempo a ripeterlo; certi giorni mi addormentavo salmodiando: *tinca gobba del pianalto di Poirino tinca gobba del pianalto di Poirino tinca gobba del pianalto di Poirino*, tipo *trentatré trentini entrarono a Trento* – avete presente?

Ricordo che con me c'era un ragazzo, pressappoco della mia età, che arrivava ogni volta coi capelli tinti di un colore diverso. Un altro che parlava sempre di automobili e di ciascuna sapeva elencare pregi e difetti. Un cameriere anziano, con una bella barba bianca ed espertissimo di vini, tanto nel consigliarli quanto nel berli; infatti se i clienti ne lasciavano un dito nella bottiglia lui se lo scolava prima che qualcuno lo svuotasse nel lavandino. Lo adoravo, era un tipo buffo: di giorno faceva il clown negli ospedali ed era anche un volontario della Croce Rossa. Un altro cameriere, invece, era un uomo di mezza età, un tipo furbo che parlava poco con noi colleghi mentre con i clienti faceva le fusa, sciogliendosi in smancerie, per far sì che quando era l'ora di chiedere il conto gli lasciassero delle gran mance. Ed era bravo in questo, accidenti se era bravo. Peccato solo che poi le tenesse per sé, mentre noi altri, visto che i tavoli generosi non li potevi scegliere e capitavano a caso, avevamo l'abitudine di metterle in comune.

A volte chiedevo uno strappo ai colleghi. Altre usavo il pullman. Altre ancora, non volendo spendere i soldi del biglietto, facevo l'autostop. Ricordo di essere salito su un sacco di automobili diverse, cosa che poi riferivo diligentemente al mio collega appassionato. Ovunque andassi, nel corso di quei mesi, in una tasca tenevo la lista dei vini, nell'altra le declinazioni dei verbi, e di tanto in tanto mi partiva *tinca gobba del pianalto di Poirino*.

Ho lavorato in quel ristorante fino a quando non è scaduta la borsa del Comune; che poi è stato quando ho preso la qualifica di operatore per i servizi sociali e quando ho ritrovato mia madre. Tutto insieme.

A quel punto, il primo motivo per cui dovevo mandare soldi a mamma era perché potesse affittare una casa ad Hazara Town. Per affittarla servivano, nel 2008, qualcosa come quattro o cinquemila euro. Da dare al proprietario, così, in una botta sola. In posti come Hazara Town, per affittare una casa, esiste un sistema alternativo a quello praticato in Occidente: ossia non si paga una quota mensile, ma si dà al proprietario una cifra che vale per un periodo pattuito, che lui, probabilmente, investirà in qualche attività commerciale, che so, una bancarella, un rifornimento di merce da piazzare nei suoi negozi; o che magari a sua volta presterà a qualcuno a un certo tasso di interesse. La cosa anomala è che i soldi che si danno al proprietario della casa non sono persi, non sono un *pagamento*, si tratta di una specie di prestito. I soldi, infatti, vengono restituiti all'affittuario il giorno in cui lascerà la casa. Mi spiego meglio: di fatto il guadagno del padrone non sta nella somma che gli viene consegnata, ma nella sua capacità di investirla.

Facciamo un esempio.

Mettiamo che tu voglia affittare una casa per un anno. Il proprietario ti chiede quattromila euro. Accetti e glieli dai. Se alla fine dell'anno decidi di lasciare la casa, lui ti restituirà i soldi che nel frattempo, se è stato bravo, ha fatto fruttare al meglio. Se invece decidi di restare, devi ricontrattare l'affitto. Se il mercato è cambiato – mettiamo che i prezzi siano aumentati – lui può chiederti, che so, duemila euro in più per lo stesso periodo di tempo (un altro anno) e quindi non dovrai più dargli quattromila, ma seimila euro. Se accetti lui non ti restituirà i soldi che gli hai dato l'anno passato, ma sarai tu a dovergliene dare altri duemila per quello che viene. Se alla fine del secondo anno deciderai di lasciare la casa lui ti restituirà seimila euro, se invece vorrai restare ancora dovrai ricontrattare ulteriormente l'affitto, e così via. È ovvio che, messa così, i proprietari dovrebbero preferire affitti di breve durata in modo tale da ricevere più soldi da investire, ma dipende anche da loro, perché alcuni potrebbero non essere in grado di restituirli. Insomma, non so bene che senso abbia. Ma tant'è.

Dicevamo, mi servivano soldi; così a malincuore ho deciso di lasciare la scuola e pensare al lavoro, almeno per un anno. Ho fatto qualsiasi cosa mi sia capitata tra le mani:

ho lavorato in un negozio di pasta fresca dove ho imparato a preparare gli gnocchi, i *tajarin* e l'impasto del *plin*. Ho fatto il cameriere. Ho fatto l'animatore per una cooperativa sociale. C'ho dato dentro al punto che pochi mesi dopo aver ritrovato mia madre avevo già messo da parte i soldi per l'affitto, ma a quel punto l'anno scolastico era iniziato e io l'avevo perso, così ho continuato a lavorare, ho preso la patente, e mi sono pure comprato una piccola auto usata.

A settembre dell'anno successivo mi sono iscritto al serale per finire il triennio per operatori sociali; nel frattempo ero stato assunto in una pasticceria. L'orario andava dalle cinque di mattina alle quattro di pomeriggio. Il problema era che, finito il lavoro, dovevo correre a scuola e tra una cosa e l'altra arrivavo sempre in ritardo tenendo conto che mi ero alzato alle quattro e venti e che dal corso sarei uscito dopo le dieci di sera. Mi alzavo col buio, tornavo a casa col buio, ero stremato. Però – non so come dire – è scattato qualcosa. Era una sensazione strana. Magica. Forse per l'onda lunga di aver ritrovato la mia famiglia, per l'orgoglio di essere riuscito ad aiutarla o per la responsabilità di dover continuare a farlo, ma insomma: ero diventato una spugna; al posto del cervello qualcuno aveva montato un sifone che aspirava informazioni. Imparavo subito, qualsiasi cosa, sia a scuola sia sul lavoro. È stato un periodo entusiasmante.

06.

In quell'anno di lavoro matto è successa anche un'altra cosa. Una cosa che, ancora non lo sapevo, ma mi avrebbe cambiato la vita.

Un giorno è squillato il telefono ed erano certi amici miei del Centro interculturale di Torino, dove avevo frequentato un corso per mediatore. Volevano invitarmi a un evento. Mi hanno detto che ci sarebbe stata la presentazione del romanzo di un esordiente, un educatore di comunità a cui piacevano le storie e che ne aveva scritta una a partire da quelle in cui, ogni giorno, era immerso per lavoro. Il protagonista del libro era un ragazzino romeno che, per una serie di disavventure, si trovava a viaggiare da solo per l'Europa in cerca di suo nonno che faceva l'attore di strada. Lo avrebbero presentato nella sede del Centro interculturale e, visto l'argomento, un tredicenne che viaggia da solo, a loro era venuto in mente che io potessi fare da controcanto a quella storia inventata – di narrativa si trattava – con la mia storia vera. Mi andava? Ero forse libero quel giorno a quell'ora? Ho risposto sì. Mi andava anche di leggere il libro prima dell'incontro? Ho risposto sì. Me lo hanno mandato. Aveva un titolo strano: *Per il resto del viaggio ho sparato agli indiani*.

Il giorno della presentazione c'era parecchia gente: molti educatori, molti operatori sociali, la giornalista che aveva il compito di introdurci. L'atmosfera era allegra, rilassata. Quando mi hanno visto entrare chi mi aveva contattato mi è venuto incontro, con lui c'era l'autore del romanzo.

Fabio, questo è Enaiat.

Enaiat, ha detto lui stringendomi la mano, grazie per aver accettato.

Ma di che, grazie a te. Ho anche letto il libro, mi è piaciuto.

Oh, questo mi fa felice, sei gentile.

E poi abbiamo un sacco di conoscenze in comune, a quanto pare...

Per esempio?

Per esempio quelli dell'Asai.

Ah! L'Asai. Accidenti. Non sai che storie ho io, con l'Asai. Anni bellissimi.

Non ne dubito.

Se faccio l'educatore è praticamente colpa loro.

Poi si è avvicinata la giornalista, ci siamo presentati. Ha detto: Cominciamo?

Certo, ha risposto Fabio. Abbiamo girato attorno a un grosso tavolo: Enaiat, vuoi sederti lì? Mi ha indicato la sedia al centro.

Ci chiedono spesso com'è andata, be', è andata che appena ha aperto bocca, non appena l'ho sentito raccontare la sua storia, ho percepito una grande sintonia tra lo sguardo serio ma leggero, ironico persino, con cui lui guardava ai suoi anni di viaggio e quello che a me sarebbe piaciuto fare con la scrittura. Le vicende sue e della sua famiglia emergevano dalle parole, illuminate da una luce tutta particolare, che metteva in risalto la speranza molto più che il dolore; senza negarlo, senza nasconderlo, ma evitando di stuzzicarlo più del necessario. Anzi, proprio perché tendeva a sfiorarlo, io, il pubblico lo percepivamo con maggiore intensità. Il libro l'abbiamo scritto un anno dopo, ma quella sera stessa ha iniziato a nascere.

Non era la prima volta che mi chiedevano di condividere la mia esperienza. Come ho detto, per anni, anche all'inizio, appena arrivato, quando ancora dovevo aiutarmi con i gesti per farmi comprendere, mentre la mia famiglia si nascondeva e si trasferiva da un campo profughi a un altro, non ho mai perso occasione per esporsi e raccontare. Da un lato, per me, era come togliere parte del carico dello zaino durante una scalata, trasferendo il peso a qualcuno con la forza e la voglia di condividerlo. Dall'altro era l'unica cosa che potevo fare per la mia terra: aumentare nella gente la consapevolezza della gravità di ciò che stava capitando; accendere una luce, ecco – accendere una luce.

Era una questione di tono. Più andavamo avanti a confrontarci più mi rendevo conto che era la sua voce, la magia. Per quanto la mia si fosse nutrita di numerose voci simili, quelle dei ragazzi con cui avevo lavorato e con cui all'epoca ancora stavo lavorando, be', non poteva fare altro che risultarne un'eco sbiadita.

C'è stato un dibattito, mentre fuori si sentivano due cani abbaiare e dalle finestre si vedeva il vento sbatacchiare i rami degli alberi. Mi piaceva ragionare. Mi piaceva essere costretto a farlo, stimolato dalle domande delle persone, che spesso mi spiazzavano. Alla fine dell'incontro qualcuno si è avvicinato a Fabio per fargli firmare il libro, altri sono venuti da me a chiedere qualcosa che non avevano avuto il tempo o la forza di domandarmi in pubblico – era una cosa che capitava spesso, come se la gente si vergognasse o avesse paura di mettermi in imbarazzo. Siamo rimasti nel Centro ancora parecchio tempo, c'era una bella atmosfera, cordialità e curiosità e voglia di capire, finché piano piano la gente ha iniziato a infilarsi le giacche e dirigersi verso l'uscita. Io e Fabio ci siamo avvicinati e ci siamo detti che dovevamo assolutamente rivederci, sì sì – dovevamo proprio. Ero anni luce, in quel momento, dal pensare che avremmo scritto un libro insieme. Anzi, a questo punto due. Dal pensare che quell'incontro casuale avrebbe significato tanto, per me, da ogni punto di vista. Ma è così che succede. Se tu ti muovi, il mondo a volte ti danza attorno.

È passato del tempo, ma quando un'idea ti picchia in testa la cosa migliore che puoi fare è cedere. Il giorno in cui avevo incontrato Enaiat al Centro interculturale c'era anche il mio editor, Francesco Colombo, che per mesi non ha fatto altro che ripetere: Guarda che tu la storia di quel ragazzo devi provarci a scriverla. Hai già persino il titolo. Ah sì? Sì, quella cosa che ha detto lui dei coccodrilli nel mare. È perfetta. Finché un anno dopo il nostro primo incontro, senza mai esserci davvero persi di vista, io e Enaiat ci siamo trovati, non ricordo dove, forse a casa sua, o a casa mia, e abbiamo deciso che era arrivato il momento: dovevamo provarci, prendere quella storia che lui sapeva raccontare così bene oralmente, ficcarla dento le pagine di un libro, e vedere cosa ne usciva. Ricordo di avergli detto: Scriviamolo. Se poi non ci piace, se, soprattutto tu, rileggendolo, non ti ci ritrovi, se ti sembrerà che in qualche modo io non sia riuscito a catturare la verità della tua esperienza, nessuno ci obbliga a pubblicarlo. Mi ha chiesto: Che tipo di libro? Non so, gli ho detto. Si possono fare un sacco di libri diversi. Tu come lo vedi? Lui mi ha guardato con quegli occhi antichi e profondissimi e ha risposto: Sarebbe bello potessero leggerlo anche i ragazzi. E sarebbe bello fosse non solo la storia mia, ma di tutti quelli come me.

C'era qualcosa in Fabio, che mi rassicurava: forse il suo essere anche educatore, oltre che scrittore. Io avevo voglia di raccontare. Lui non aveva paura di fare domande: era una cosa che aveva imparato a fare parlando coi ragazzi che i servizi sociali affidavano alla comunità in cui lavorava.

Anzitutto io ed Enaiat abbiamo passato molto tempo a chiacchierare. Ho lasciato che raccontasse tutto ciò che ricordava e a mano a mano che parlava gli chiedevo spiegazioni, per capire meglio o far emergere nuovi particolari. Avevamo scelto di giocare con le regole della narrativa, per cui sapevo che avrei dovuto sceneggiare i suoi ricordi, lavorare sui dialoghi e sulle ambientazioni, ma anzitutto mi interessavano i fatti, fin nei dettagli: doveva portarmi in un mondo lontanissimo dal mio, farmelo respirare.

Abbiamo visto insieme foto e filmati. Abbiamo letto. Abbiamo ricostruito la cronologia degli avvenimenti.

Enaiat voleva mettere sottovuoto la sua memoria in modo che non venisse intaccata dal tempo; questo, dal punto di vista dell'autorialità, significava che io dovevo diventare invisibile, una specie di vetro antiproiettile.

E poi è arrivato il giorno in cui mi ha consegnato l'ultimo capitolo insieme alla riscrittura di tutto ciò che veniva prima, e l'ho riletto da capo. Già avevo vigilato pagina per pagina nel corso della stesura, correggendo le descrizioni, modificando i dialoghi, ma ora si trattava di capire se in generale, come diceva Fabio, mi ci rispecchiavo, e se oltre a me poteva rispecchiarcisi chiunque avesse vissuto un'esperienza simile.

Ci siamo dati appuntamento in una caffetteria di San Salvario. Era dicembre, pochi giorni prima di Natale; aveva piovuto e nelle strade lucide si riflettevano le luci appese tra i palazzi dalle associazioni dei commercianti. Fabio era già lì, seduto su uno sgabello al bancone. Ho posato la busta con le bozze tra le ciotole con le bustine di zucchero.

Allora? ha chiesto lui.

La ragazza dietro il bancone ci ha guardato in silenzio per chiedere cosa volevamo: due caffè, uno normale e uno macchiato.

Quindi?

Sai, ho detto, immagino che persone come te abbiano i cassetti pieni di foto della loro infanzia: mentre fai il bagnetto, al mare con i nonni, le fotografie di classe, elementari, medie, cose così. Io non ho mai avuto nulla di tutto ciò. Fino a ora. Questo libro sarà una specie di album delle fotografie, per me. Mi permetterà di ricordare da dove vengo e cosa sono stato anche quando la memoria inizierà a confondersi. E se non avrò voglia di ricordarlo basterà chiudere il libro in un cassetto, come si fa con le fotografie. Sarà piacevole dimenticarsi, sapendo che puoi ritrovarti.

La ragazza ci ha servito i caffè e Fabio l'ha bevuto senza levarmi gli occhi di dosso; ogni tanto annuiva.

Il titolo nasce da questa considerazione: il fatto che quel giorno, su quella spiaggia, in Turchia, ci fosse qualcuno che aveva paura dei coccodrilli quando c'erano molte cose vere di cui avere paura, come la polizia, la guardia costiera o certi traghetti enormi che più volte al giorno attraversavano quel tratto di mare, ecco, è la prova definitiva che si trattava di un bambino. Perché avere paura di ciò che non si vede, del mostro nell'armadio, o sotto il letto, è tipico dell'infanzia. I bambini fanno cose pericolosissime senza rendersene conto, attraversano la strada inseguendo un pallone, si arrampicano sugli alberi, lanciano pietre – e poi hanno paura del buio. Questo è normale. Sono gli adulti, infatti, a dover presentare loro il mondo, a doverglielo spiegare, così che possano comprendere dove si annidano i pericoli veri. Dovrebbero essere gli adulti a dire loro che non c'è nessun mostro nell'armadio, mentre se continuano ad andare in bicicletta senza prestare attenzione alle automobili prima o poi rischiano che una macchina li prenda sotto. Ecco, su quella spiaggia, di adulti non ce n'erano. Noi non c'eravamo. Perché se fossimo stati lì avremmo potuto dire a Liaqat di non perdere tempo con 'sta fantasia dei coccodrilli e di concentrarsi sui pericoli veri. Sulle onde, ad esempio. Che invisibili, silenziose, potevano insinuarsi sotto il gommone e farlo sgroppare come un cavallo, disarcionarli e farli cadere in acqua. Perché se un bambino che non ha mai visto il mare e non sa nuotare e cade nel Mediterraneo di notte, è facile che affoghi. Esattamente ciò che capita a Liaqat.

Nel mare ci sono i coccodrilli è uscito il 20 aprile 2010. A marzo avevo smesso di lavorare in pasticceria e stavo cercando una nuova occupazione – le royalties sul libro sarebbero arrivate solo l'anno successivo e né io né Fabio avevamo la minima idea di quanto avremmo venduto – così durante una presentazione a Chieri, in biblioteca, mi è capitato di rispondere a una persona del pubblico, una donna che aveva chiesto: Ma noi, persone normali, che ascoltiamo queste storie, cosa possiamo fare? Le ho risposto che ciascuno era chiamato a fare ciò che poteva, anche solo informarsi e discutere, ma che i bisogni erano tanti e diversi: io, ad esempio, stavo cercando lavoro.

Alla fine della presentazione è venuta a parlarmi. Si chiamava Daniela, era una professoressa universitaria, insegnava presso il dipartimento di Biotecnologie. Mi è subito rimasta simpatica. Mi ha chiesto se potevo lasciarle il numero di telefono che non si sa mai, in caso avesse avuto qualche opportunità di lavoro sotto mano.

Qualche giorno dopo ho sentito squillare ed era lei. La sua facoltà, che ha sede a Torino in via Nizza, in un bell'edificio in vetro e cemento costruito di recente, cercava un magazziniere. Mi ha detto che poteva essere un'occasione e che, se mi faceva piacere, poteva fissare un colloquio. Ho detto: Certo che mi fa piacere! Ricordo che ero agitatissimo, anche perché era la prima volta in vita mia che entravo dentro una università e per me l'università era – come dire? – un luogo sacro, il sogno dei sogni. Mi ha presentato al presidente della Fondazione per la ricerca biomedica. Sono stati gentili e hanno cercato in tutti i modi di mettermi a mio agio. Mi hanno spiegato cosa dovevo fare – occuparmi di tenere in ordine la *plasticheria*, gli strumenti usati in laboratorio: fiasche, microprovette, parafilm, piastre di Petri, pipette, puntali, *scrapers*, cuvette – e le condizioni di lavoro e tutto quanto e mi hanno fatto un sacco di domande; c'era qualcosa nell'aria, non so, che mi diceva che in quel posto lì mi sarei trovato bene, e mi sarei fermato a lungo.

07.

La vita di famiglia, a distanza, è una strana vita. Dopo esserci ritrovati, mamma ha ricominciato a fare la madre – o per lo meno *a cercare di*.

Nonostante non ci fossimo visti per quella incredibile quantità di giorni, mesi e anni, e nonostante tutto ciò che potevamo condividere fosse l'illusoria sensazione di vicinanza data dalle rispettive voci che solleticavano le orecchie, come fossimo sdraiati uno di fianco all'altra su un tappeto, ma che invece viaggiavano per migliaia di chilometri.

Si occupava di me come poteva. Faceva domande e tentava di capire quel mondo alieno in cui ero finito per aiutarmi a definire le priorità e suggerire soluzioni a eventuali problemi. Era in ansia soprattutto per la mia vita affettiva; sperava mi sposassi in fretta, possibilmente con una ragazza afghana. In generale era commovente come cercasse di fare la madre nonostante la distanza e l'evidente incapacità di capire la cultura in cui ero immerso. Tentava in tutti i modi di coinvolgermi nella quotidianità loro: mi chiedeva consigli sulle spese, mi aggiornava su come andavano le cose ad Hazara Town e soprattutto condivideva con me le sue preoccupazioni per mio fratello.

Io e mio fratello siamo sempre stati diversi. Non si tratta di dire migliore o peggiore, no, è piuttosto una questione di identità, di indole. Già da bambini abitavamo il mondo con l'indipendenza e la differenza delle stagioni: c'è l'inverno e c'è l'estate, fa caldo e fa freddo, io ero fatto in un modo e lui in un altro, e andava bene così. I libri, ad esempio. Io, non so perché, ma ho sempre avuto una passione per i libri. C'è chi ce l'ha perché ci è cresciuto in mezzo e chi invece senza averne mai avuto uno in casa. Mi piaceva la scuola così come mi piaceva correre dietro a un pallone: senza bisogno di rimuginarci sopra. Mio fratello invece no. I libri non gli andavano. La scuola non gli andava. A dire il vero, non gli andava neppure il pallone. Piuttosto il fare, quello sì. Il muoversi e il rischiare. Il costruire.

Per lui non erano stati anni facili. Neppure per me, intendiamoci, ma io per lo meno avevo un obiettivo; e stare fermi per mancanza di un posto da raggiungere credo sia peggio che rischiare la vita durante il viaggio. Lui un posto da raggiungere non ce l'aveva. Non riusciva a trovarlo dentro di sé e tantomeno fuori. E poi vai di qua e vai di là e scappa e cambia amici e fai il duro – o fai in modo di sembrarlo – e occupati di tua madre e occupati di tua sorella, ché sei rimasto l'unico maschio in casa; e se sei un bambino chi se ne frega, e se sei un adolescente chi se ne frega, solo cresci, cresci in fretta, e comportati come il mondo vuole che tu ti comporti.

Mamma aveva paura che il suo piccolo *norband* prendesse brutte strade. Non le piacevano i ragazzi che frequentava, certi scansafatiche più sensibili alle scorciatoie che al sudore, all'apparire che all'essere, per non parlare dei profumi allettanti che esalavano dalle case in cui si fumava l'oppio, che è uno dei molti pericoli dell'Afghanistan, visto che è il primo coltivatore al mondo del papavero e che dalla caduta dei talebani la produzione è aumentata di continuo: un fiume di denaro che entra tanto nelle tasche dei fondamentalisti quanto in quelle dei signori della guerra alleati del governo di Kabul. Dalle mie parti c'è un detto che tutti conoscono: fai attenzione, che se non ti uccide la guerra lo farà la droga. Secondo una stima delle Nazioni Unite, che rilascia ogni anno dei dettagliati *Surveys on drugs and crime*, nel 2005 i tossicodipendenti in Afghanistan si aggiravano attorno ai duecentomila, poi il numero è salito a quasi un milione nel 2009 e ha superato i due milioni e mezzo nel 2015 e via così, anno dopo anno. Si stima che nel 2019 il numero sia ancora aumentato e in queste cifre sono compresi anche donne e bambini. Spesso le donne iniziano a assumere droga con i mariti e continuano durante la gravidanza dando alla luce neonati già tossicodipendenti. Per il ministero della Salute i bambini che fanno uso di droga sono oltre centomila.

Con il trasferimento a Quetta le cose non erano migliorate, anzi. Mio fratello, a parole, si diceva desideroso di costruire qualcosa di bello e utile per la famiglia, di imparare un mestiere, ma il cuore e la testa erano rivolti a terre lontane. Al telefono, quando parlavamo, mi chiedeva di raccontargli com'era la vita in Italia e io lo sentivo che era invidioso, me ne accorgevo. Avrebbe voluto essere al mio posto. Avrebbe voluto partire anche lui. Io però insistevo sul fatto che doveva occuparsi della mamma: gli ripetevo che io avrei pensato ai soldi, ma lui doveva farsi carico dell'assistenza. Era così che andavano le cose.

Mamma mi diceva di parlargli, di convincerlo a studiare o andare a bottega da un artigiano. Io lo facevo, gli parlavo, perché un fratello maggiore, in assenza del padre, diventa padre pure lui. Ma più *norband* cresceva, meno mi ascoltava. Io e mamma inventavamo stratagemmi, tipo che qualcuno lo volesse assumere per fargli fare qualcosa, aggiustare biciclette o lavatrici tanto per fare un esempio, e io le mandavo i soldi che poi lei dava al datore di lavoro perché pagasse mio fratello, così, tanto per tenerlo impegnato e stimolarlo e offrirgli delle nuove prospettive. Ma le cose non funzionavano.

Un giorno, dopo due anni di vita ad Hazara Town, mamma ha detto che volevano tornare in Afghanistan.

Chi? ho chiesto.

Io e tuo fratello.

Ma siete matti? Ma no... restate a Quetta.

Non mi piace qui.

Perché non ti piace, mamma?

Perché qui non servo a niente. Non c'è niente che posso fare. Non ho spazio per coltivare neppure una patata. È tutto pietra e cemento e sporcizia per le strade, e l'aria puzza. A Nava la situazione dicono che è migliorata e...

Come lo sai?

Me l'hanno detto. Un cugino che è tornato da poco.

Mamma, può essere migliorata adesso ma chissà come sarà tra sei mesi, o tra un anno. Lo sai come vanno le cose, lì. Tutto cambia in un secondo.

Anche qui ci sono gli attentati, Enaiat. Anche qui muore

la gente. È esplosa una autobotte, l'altro giorno, che invece di portare acqua era piena di non so che. Le mura della casa di tua sorella hanno tremato. Sono morte più di cento persone. Non so cosa voglia dire sentirsi al sicuro. È come essere sepolta prima ancora di essere morta.

Ma lì c'è *gulpari*. C'è mia sorella. Lei può prendersi cura di te. Puoi fare la nonna. Non ti piace fare la nonna? E il viaggio. Ma ci pensi? I soliti trafficanti, il confine. Ti prego, pensaci. Non prendere decisioni affrettate.

C'è anche la questione di tuo fratello...

Appunto. Fallo per lui. Pensa a quante opportunità può avere. Quanta gente c'è ad Hazara Town? Un milione di persone? C'è un sacco da fare. Troverà il modo di rendersi utile.

Forse. Per ora trova soprattutto modi per perdere tempo. Le occasioni sono anche troppe, soprattutto quelle per non ritrovare più la strada di casa, Enaiat. E anche quella del cuore. Se tu potessi...

Dimmi.

Qui aprire un negozio è molto più costoso che a Nava. Se tu potevi aiutarlo ad aprire uno spaccio, anche piccolo. A Nava sarebbe così semplice...

E niente, io ci ho provato, ma lei aveva già deciso: voleva tornare in Afghanistan. C'è una specie di cordone ombelicale che ci lega ai posti in cui ci siamo sbucciati le ginocchia, dove si aggirano le ombre di chi abbiamo amato. Mamma non ha mai smesso di credere che Nava fosse il luogo in cui essere felici, anche quando era evidente che non era così.

Ho parlato con mio fratello, ho parlato con mia sorella, ma alla fine, una mattina, sono saliti su una macchina che li ha portati su per le montagne, lungo sterrate aride e polverose e di lì a Kandahar e da Kandahar a quella che loro erano soliti chiamare casa.

Ho mandato una cifra intorno ai seimila euro perché *norband* potesse mettere su uno spaccio: fiammiferi, pettini, sandali. Perché potesse muoversi in giro per la valle, per lavoro, per svago, gli ho fatto avere i soldi per una moto. La fortuna è stata che a quel punto *Nel mare ci sono i coccodrilli* stava andando bene e quindi non avevo problemi a sostenerli, cosa che era la mia ragione di vita.

Passavo ore al telefono con mio fratello. Volevo che finisse le superiori: Oggi non puoi vivere senza aver studiato, dicevo. E: Facciamo così, la mattina stai al negozio, ma il pomeriggio vai a scuola, ci vai con la moto che hai comprato, finita la scuola torni a lavorare. Ma niente, il fatto è che non credeva proprio che ci fosse un futuro, per lui, lì. Da noi c'è un proverbio, si dice che per le ragazze sia inutile studiare perché tanto finiscono dietro ai fornelli e che per i ragazzi è inutile studiare perché tanto finiscono a fare il militare.

Io non lo sapevo, ma mio fratello aveva già pianificato di scappare. E come al solito aveva organizzato a modo suo, mezzo di nascosto. Per il negozio aveva usato solo una parte dei soldi che avevo messo a disposizione, gli altri li aveva accantonati per usarli per pagare un trafficante. Aveva fatto in modo che il negozio sembrasse pieno di roba, scatole su scatole su scatole, ma era solo una facciata, tipo una scenografia; le scatole erano mezze vuote o riempite di carabattole. Che volesse partire era nell'aria: l'avevo intuito io e l'aveva intuito anche nostra madre, ma io continuavo a dirgli di non farlo, che non poteva lasciarla sola a Nava, e a dire il vero pensavo che, alla fine, se ne sarebbe fatta una ragione e sarebbe rimasto.

Invece no.

Un giorno mamma ha chiamato e mi ha detto che *norband* era sparito.

Ho detto: Come sparito?

Non lo vedo da tre giorni.

Magari è andato da qualche amico.

Può darsi, certo.

…

…

Mamma.

…

Non credi sia andato da qualche amico, vero?

No.

Credi sia partito?

Sì.

E il negozio.

Sono entrata ieri. È lì.

I soldi?

Quali soldi?

Non so. I soldi che avevate, che aveva messo da parte. O che stava guadagnando.

Non lo so, Enaiat.

…

Mamma ha detto che lo sapevamo che voleva partire e che non potevamo pretendere nulla. Era un suo diritto.

Poteva anche avere il diritto di partire, ho detto, ma il suo dovere era restare con te.

Me la caverò, come sempre.

Ma lì sei sola, adesso.

Prima di tutto non sono sola, non sono mai sola, a Nava. In ogni caso, magari tornerò a Quetta da tua sorella.

Non ci volevo credere. Mamma, ho detto, un altro viaggio. Eh no dai, ora basta. Stai ferma. Parlerò con gli zii, c'inventeremo qualcosa. È questo quello che le ho detto, cercando di essere forte e positivo così come era giusto che mi dimostrassi, anche se mentre parlavo trattenevo le lacrime e tremavo per la rabbia, per la solita frustrazione dovuta alla distanza. Una delle porte di Mohsin Hamid, ho pensato, ecco cosa ci voleva: una porta da attraversare con un passo e apparirle accanto, istantaneamente, abbracciarla, sentire la stoffa del suo vestito tra le dita. Ero furibondo con mio fratello. Non avrei dovuto. Insomma, era giusto, anche lui aveva diritto a giocarsi le sue carte. Ma lo ero.

Quando avrai intenzione di partire, dimmelo. Farò ciò che posso, da qui, per aiutarti a organizzare il viaggio.

Grazie *komai*.

Mamma... ancora con 'sto *komai*? E poi manco le ho più, le guanciotte.

L'ho sentita ridere ed è stato come vedere uno stormo di gabbiani alzarsi in volto.

Quando ho messo giù mi sono appoggiato con la schiena al muro.

Dov'era finito *norband*?

08.

Dalla pubblicazione del libro in poi è stata una specie di esplosione. Mi sono ritrovato a fare cento cose contemporaneamente e ogni cosa, in qualche modo, aveva il suo perché. Nei mesi successivi alla pubblicazione ho visto posti che, giuro, mai avrei pensato di vedere: invitati dalle case editrici che avevano acquisito i diritti di traduzione, siamo stati a Lisbona, a Sofia, a Parigi, a Barcellona, a Madrid, ad Amsterdam, a Oslo.

In Norvegia è capitata una cosa pazzesca. È successo che avevo ritrovato su Facebook un ragazzo che in Iran aveva lavorato con me a Qom, uno con cui giocavo a pallone. Avevo scoperto che aveva raggiunto Oslo e lavorava in un negozio, ci eravamo scritti e sognavamo di rivederci. Nessuno dei due immaginava che l'occasione sarebbe arrivata prima di quanto sperassimo. Quando ho saputo che ci avevano invitati a Oslo stavo per mandargli un messaggio per comunicargli la bella notizia, poi però mi sono fermato, ho pensato: ma no, quasi quasi non gli dico niente. E così ho fatto.

Un pomeriggio di settembre era lì che lavorava e io sono entrato nel negozio con le mani in tasca, come un cliente qualunque. Stava pulendo il bancone. Ha sollevato la testa, con negli occhi a mandorla, così simili ai miei, l'espressione professionale di chi dice: se ha bisogno di qualcosa chieda pure. Ma quello sguardo asettico è durato un battito di ciglia, forse meno: la trasformazione è iniziata dalle guance, è passata alle labbra e alla fronte e poi era come se nel negozio fosse entrato un unicorno ballando il tip tap. Non vi dico: uno spettacolo! L'ultima volta che ci eravamo visti eravamo due ragazzini con le scarpe a brandelli che non vedevano l'ora di smettere di lavorare per correre dietro a un pallone, nella polvere e tra le buche di un campetto adiacente alla fabbrica, fabbrica in cui – ne eravamo convinti – prima o poi saremmo morti. E ora: guardateci, immaginateci nella luce rasente di Oslo, lui con la sua polo nera stirata e io con un libro da presentare e un riverbero strano negli occhi, come per una gioia minuscola pronta a esplodere.

Quanta strada avevamo fatto. In tutti i sensi.

Ho conosciuto tantissime persone, in quel periodo, voci e sguardi che mi hanno fatto rendere conto che avevo ancora molto da scoprire e imparare. Nel frattempo lavoravo alla Fondazione per la ricerca biomedica e, visto come sono andate le cose, dopo, con mamma, con mia sorella e tutto quanto, posso dire di essere stato davvero fortunato a trovare quel posto. L'elasticità dei responsabili mi permetteva di ritagliare il tempo necessario ai viaggi e alle presentazioni. Come se non bastasse, io, che nella vita avevo sempre desiderato essere uno studente, mi ritrovavo a lavorare all'università. Facevo il magazziniere, certo. In un magazzino che non era neppure enorme, anche se, proprio per quello, farci stare un sacco di roba a incastro era un casino, un equilibrismo da campione mondiale di Tetris. Ma è come la storia del colibrì che cerca di spegnere l'incendio nella foresta portando una goccia d'acqua nel becco. Che credi di fare? chiede il leone. Faccio la mia parte, risponde il colibrì. Ogni lavoro è importante. Ognuno è chiamato a fare ciò che può, a farlo al meglio, anche se si tratta di pulire e mettere in ordine. Nel mio piccolo mi raccontavo che avere cura di quegli strumenti era un modo per contribuire alla ricerca biomedica, e insomma in un certo senso era vero.

Nella sala in cui mi fermavo a leggere – perché ogni tanto avevo persino tempo di leggere – c'era una grande finestra che dava sul cortile interno, da cui si vedeva il flusso costante di studenti che entravano e uscivano. Era il contrario della scuola di Quetta, quella dietro il cui muretto mi acquattavo per ascoltare i bambini giocare durante l'intervallo, perché vederli mi faceva soffrire troppo, mentre sentire le loro urla, il rimbalzo della palla, mi permetteva di immaginare di essere lì con loro e non in giro a portare il *chay* alla gente per conto di *kaka* Rahim. Ecco, quella grande finestra affacciata sul cortile mi permetteva, invece che ascoltarli senza vederli, di vederli senza sentirli. Non udivo le voci degli studenti. Li studiavo muoversi con i libri sotto braccio e gli zaini e i sorrisi e gli scherzi, e avevo questa voglia forte di essere con loro, e tra loro. Forte al punto che un giorno mi sono detto: voglio iscrivermi all'università.

Avevo uno stipendio fisso e le royalties del libro. Dopo il lavoro potevo studiare e magari anche frequentare le lezioni. Improvvisamente una grande luce aveva deciso di puntare dritto sopra la mia testa. Tutto stava funzionando, stavo diventando grande. E potevo continuare a investire su di me. Ho lasciato la casa di Pavarolo, sono andato a vivere da solo, in città, a Torino, e ho cominciato a pensare a quale facoltà iscrivermi. Ho fatto un sacco di incontri di orientamento. Mi piacevano gli animali, ma non mi sentivo adatto per veterinaria o scienze forestali. Mi piaceva la filosofia, riflettere sulla vita, ma era un interesse che potevo coltivare anche per i fatti miei. Mi piaceva l'antropologia, studiare la vita degli uomini a seconda della società in cui vivono. Mi piaceva l'economia, perché cosa voleva dire essere povero, ecco, di quello avevo una certa esperienza.

Poi, un giorno, sono andato a informarmi a Scienze politiche. A Torino la sede è presso il Campus Einaudi, una struttura complessa, progettata da un architetto famoso lungo le sponde della Dora nell'area industriale ex Italgas, non lontano dalla Mole Antonelliana: le materie che mi hanno elencato erano un mischione di tutto ciò che mi interessava con al centro la cosa, per me, più importante di tutte: il vivere comune. Alla fine non avrei saputo fare niente in particolare, lo avevo intuito, ma mi piaceva l'idea di non essere un tecnico esperto di una cosa sola e conoscere invece un po' di tutto; studiare i modi che gli uomini si sono inventati per vivere in così tanti uno accanto all'altro, sia quelli che hanno funzionato, sia quelli che invece no; e sognavo che grazie a quelle competenze, forse, un giorno, avrei potuto fare qualcosa di utile e di buono per l'Afghanistan. Contribuire alla sua rinascita, allo sviluppo della democrazia. Non sapevo come. Ma un modo lo avrei trovato.

E così è stato. Mi sono iscritto a Scienze politiche e sono diventato uno studente universitario; una cosa che, credetemi, se me l'avessero detto mentre spaccavo pietre a Qom, non ci avrei creduto. Il primo e secondo anno di università, tra le presentazioni del libro e il lavoro e lo studio, sono stati incredibilmente fertili: respiravo la vita assorbendola dagli occhi, dalle orecchie, dalla pelle.

Ho cambiato diverse case. La prima era un appartamento minuscolo: trenta metri quadri in cui qualcuno, non so come, era riuscito strizzare una cucina, una sala, una camera da letto e un bagno. Non che fosse brutta, anzi, aveva pure un suo fascino, ma non c'era mai sufficiente luce naturale. Aveva solo due finestrelle grandi quanto il palmo di una mano da cui era impossibile vedere il cielo, e se io non riesco a vedere il cielo mi disoriento, perché non capisco a che punto siamo della giornata e quindi non so organizzarmi. Che poi voi direte: comprati un orologio, no? E in fondo avete ragione. Ma una cosa è farti dire l'ora dal cellulare, un'altra è lasciare che sia il sole a suggerirti il fluire del tempo, così da intuire a che punto è il tuo giorno senza dover controllare il minuto.

Così mi sono messo a cercare una casa che non importava quanto fosse grande, ma luminosa, quello sì. Ne ho viste un sacco; alcune erano davvero graziose, ma buie. Finché un giorno, accompagnato dalla ragazza dell'agenzia, sono entrato in questo appartamento da cui la vita sembrava essere stata strappata via a morsi: era vecchio, lurido, completamente spoglio, sulle pareti risaltavano le impronte lasciate dai quadri e dai mobili; in bagno erano rimasti la tazza e il bidè, ma talmente lerci e striati di ruggine che faceva schifo persino guardarli. Lì per lì ho pensato: ma che cesso di casa! Poi però la ragazza dell'agenzia ha tirato su le tapparelle e una luce potente, dorata ha invaso ogni angolo. Il pomeriggio estivo che avevamo lasciato fuori dal portone si è srotolato sui pavimenti e ho capito che tutto era risolvibile: l'orrenda tappezzeria alle pareti, i muri da stuccare, il gabinetto da cambiare; ogni cosa era affrontabile, perché io desideravo quella luce. Mi sono affacciato al balcone. In cortile c'era un albero di cachi.

Allora? ha chiesto la ragazza dell'agenzia.

Ho allungato una mano perché il sole mi cadesse sul palmo. È perfetto, ho detto, lo prendo.

Per sistemarlo io e miei amici abbiamo sgobbato per mesi. Tolto il lavoro a Biotecnologie, le lezioni all'università e lo studio necessario a preparare gli esami, il resto del tempo lo trascorrevo con cazzuola e pennello. Ho scelto il blu per le due camere da letto, perché cullassero il sonno di chi ci avrebbe dormito; il verde per il corridoio, trasformato in una foresta; e lì dove le pareti si univano al soffitto ho scritto una poesia in dari, la mia lingua madre. Arancione per il bagno. Soffitti bianchi. Ho usato la sabbia per la cucina, per sentirmi vicino alla terra. Sulle pareti ho scritto dei versi di Nietzsche, tratti da un testo che si intitola *Della povertà del più ricco*.

> La sua anima
> con la sua lingua insaziabile,
> ha già leccato ogni cosa buona e cattiva,
> si è immersa in ogni profondità.

Ma sempre, simile al sughero,
essa torna a nuotare in superficie,
volteggia giocando come olio su mari bruni:
in vista di questa anima mi si chiama beato.

Chi mi è padre, chi madre?
Non mi è padre il principe abbondanza
e non mi è madre il quieto ridere?

La casa che avevo sempre sognato. Casa mia. Mura che sapessero accogliere. Il primo coinquilino è stato Davide di Varese. Gran cuoco. La sua specialità erano i *pici*, una pasta tipica della gastronomia toscana che sì, lo so, non c'entra niente con Varese, ma tant'è. Cene straordinarie, a base di pici. Poi è arrivato Cristian, un compagno di facoltà che una delle prime settimane, quando spesso ero in ritardo a causa della distanza tra Biotecnologie e il Campus Einaudi, mi teneva il posto. Ricordo che era venuto a presentarsi portandomi una lettera – dico: una lettera! e scritta a mano! – in cui diceva che era incuriosito da me e avrebbe voluto conoscermi meglio e alla fine eravamo diventati amicissimi. Un ragazzo gentile, dall'andatura quieta e costante; il tipo di persona che più mi tranquillizza. Ora da anni, a causa mia, allena la squadra della comunità afghana che partecipa a *Balon Mundial*, un torneo di calcio a undici tra le comunità straniere residenti a Torino.

Sono sempre stato sensibile, per ovvi motivi, allo spaesamento dei ragazzi e delle ragazze provenienti dall'estero. Mi sembrava naturale, oltre che un dovere, andare loro incontro, essere il primo a fare un gesto per conoscerli, proprio come aveva fatto Cristian con me. Forse per questo, a un certo punto, a casa nostra, è capitato ci fossero anche dieci persone tra camere, corridoio e cucina sedute a studiare, o sdraiate a chiacchierare, e tra loro un ugandese, un senegalese, una cinese, un marocchino. Charles, nato in Nigeria, è diventato il nuovo coinquilino quando Davide si è trasferito in Olanda. Insomma, sarà che frequentavo il corso in Cooperazione e sviluppo e diritto internazionale, ma niente era più internazionale del mio appartamento.

Le case custodiscono affetti accumulati nel corso di una vita. Una buona casa aiuta a crescere, sostiene e facilita lo scambio degli affetti. Questa casa da quando è diventata abitabile ha saputo essere quel genere di luogo. Siamo cresciuti insieme, io e miei amici. Tra di noi si sono creati legami profondi. Tra queste mura sono stato chiamato amico-straniero, cugino-straniero; mi hanno chiamato zio Ena; mi hanno chiamato fratello Enaiat. D'inverno, di notte, la casa si popolava e offriva lo spazio e il tempo per ogni cosa: per leggere e per discutere, per stare in silenzio o per guardare un documentario sui Pink Floyd, per giocare a Risiko o fare l'amore. Ricordo una sera, non so come sia finita così, ma a un certo punto un amico ci ha fatto addormentare tutti come bambini leggendoci *Il piccolo principe* – la voce, un sussurro.

Il primo anno che abitavo nella nuova casa ho conosciuto Ilaria.

Ho quest'immagine di noi, amici da pochissimo, che parliamo di come avevamo trascorso le vacanze. Lei era stata in Puglia. Io, invece, che non avevo programmato nulla, ero rientrato dopo l'ultimo giorno di lavoro con davanti un paio di settimane completamente libere e, preso da una frenesia improvvisa, avevo preparato lo zaino, ci avevo ficcato dentro il sacco a pelo, la tenda, due maglioni, una borraccia, uova bollite, del tonno, del pane, il porta candele con le candeline, ero salito in auto ed ero partito. Così. Senza una meta. Senza sapere cosa fare o dove avrei dormito. La cosa importante, per quanto mi riguardava, era uscire dalla città, dove il caldo era diventato opprimente, e trovare un posto fresco.

Inconsciamente avevo cominciato a guidare in direzione delle montagne, ascoltando musica e affidandomi alla bellezza delle strade secondarie, ai nomi dei posti o a una certa piega della luce. A un certo punto avevo parcheggiato la macchina nella piazza di un paesino, giusto di fronte al municipio e alla chiesa (come spesso capita nei paesini) e indossato lo zaino avevo scelto un sentiero che s'infilava nel bosco. Per giorni avevo camminato avvolto da un inconsueto benessere, incontrando poche persone, spesso turisti francesi o tedeschi, sostando quando mi andava, magari per leggere il libro che mi ero portato dietro, *Siddhartha* di Herman Hesse, all'ombra di una roccia, e dormendo all'addiaccio, dove capitava. Se avevo sete, recuperavo l'acqua dalle fontane. In un paio di alimentari, di quelli che vendono qualsiasi cosa, avevo fatto rifornimento di cibo. Era andata così: io e le montagne. Sei giorni e sei notti. Una delle vacanze migliori della mia vita.

Quando Lilla – come poi ho sempre chiamato Ilaria – ha sentito questa cosa del viaggio in solitaria, di come mi era parso, a un certo punto, di entrare in sintonia con l'energia primitiva dei monti, di quanto mi avesse fatto stare bene quel vagare senza meta, ha commentato che sarebbe piaciuto anche a lei, un giorno, vagare in quel modo. In quel momento ho pensato che una ragazza che avrebbe amato fare una cosa del genere era una ragazza con cui io stesso avrei potuto viaggiare. E infatti è andata così. Abbiamo cominciato a frequentarci. E l'estate dopo l'occasione si è concretizzata. Ho convinto un amico a fare cambio di auto: per un paio di settimane gli avrei lasciato la mia Opel Corsa e lui il suo furgone da idraulico, quello che usava per portare attrezzi, tubi e lavatrici. L'ho sistemato, c'ho ficcato dentro un materasso a una piazza e mezza, il fornello, la tenda, due amache, i nostri zaini, le biciclette e con Lilla ci siamo messi in viaggio senza avere la più pallida idea di dove andare. L'unica regola era non prendere mai l'autostrada: un po' per il costo, un po' per essere costretti a procedere lenti, e goderci il paesaggio. Avremmo teso verso nord-est. E poi chissà.

Ricordo che a un certo punto, guidando, mi è tornato in mente quando, arrivato in Italia da poco, ero andato in vacanza in Basilicata, un campo estivo organizzato dal Comune di Torino a Policoro, un posto bellissimo, dove c'era un tizio che tentava di insegnarci ad andare in catamarano. Il problema era che ogni volta che salivo mi tornava in mente la traversata dalla Turchia alla Grecia e Liaqat che scivolava in acqua e spariva nel buio, e pensavo che, certo, avessi saputo andarci prima, in catamarano, poteva anche essermi utile, ma chissà perché l'esperienza è una di quelle cose che serve sempre quando non ce l'hai.

La sera del primo giorno io e Lilla siamo finiti non so

dove, nella zona attorno al lago di Como. Era buio quando abbiamo visto una strada sterrata che sembrava chiamarci proprio, cioè, del tipo: ehi, da questa parte. C'era un boschetto, nessun cartello di proprietà privata o altro, un cielo pieno di stelle, che noi non vedevamo, abbagliati dai fari del furgone, ma che sapevamo esserci. Insomma, una meraviglia, e infatti tutto andava meravigliosamente finché non mi è sembrato di intravedere un posto buono per accamparci. Laggiù, ho detto.

Dove? ha chiesto Lilla.

Aspe', ora faccio inversione.

Preso dall'entusiasmo ho sterzato allegro, come se stessi guidando un go-kart, senza accorgermi che a lato della strada correva un fosso. Ci siamo finiti dentro con una ruota. Dentro proprio. Io e Lilla siamo subito scesi a controllare. Ho provato a fare manovra, ma niente, era buio e non sapevo come cavarci fuori dall'impiccio. Abbiamo deciso che la cosa migliore, prima di fare altri danni, era dormire lì e attendere il sorgere del sole.

La mattina dopo, al risveglio, ci siamo accorti che eravamo stati fortunati. Il fosso, che di sera, nel gioco delle ombre, sembrava giusto una buchetta, era molto più profondo di quanto sembrava. Avevamo fatto bene a non insistere: avremmo potuto farci male. Abbiamo provato a uscire, lei sotto a dare indicazioni, io a lavorare sul volante e sulle marce – ma nulla, da soli non c'era verso. A un certo punto ho spento e sono sceso. Vado a cercare aiuto, ho detto.

Mi sembrava una di quelle scene da film dell'orrore: ragazzo e ragazza con l'auto in panne che chiedono aiuto a uno sconosciuto che sembra gentilissimo e invece è un pazzo criminale che prima li soccorre, poi li invita a casa a rinfrescarsi e alla fine li incatena alle travi del fienile per torturarli con comodo. Per fortuna, dopo dieci minuti a piedi tra le zanzare e i moscerini, ho visto un cane, poi un camper, poi un signore davanti al camper, e il signore, che aveva un cappello di paglia e leggeva il giornale, non era un pazzo criminale, ma un tizio gentilissimo e basta, un turista canadese. Con il suo camper abbiamo raggiunto il furgone. Usando i cavi siamo riusciti a trainarlo sulla strada.

Insomma, il viaggio non era cominciato nel migliore dei mondi, ma da quel momento in poi, facendo particolare attenzione alle manovre, è stato magnifico. Abbiamo vagato per due settimane, visitando luoghi pazzeschi in cui, in gran parte, siamo capitati per caso. Da Como a Trento. Da Bolzano a Sauris. Da Trieste a Verona. Da Mantova a Siena. Un tempo prezioso.

Nel mentre avevo anche ricevuto notizie da mio fratello. Era in Indonesia e stava cercando di raggiungere l'Australia. Era stanco, ma stava bene. Io ero furioso perché per tutto quel periodo mi era toccato consolare mamma che era in ansia per lui, e consolarla, toccare con mano il suo dolore mi aveva fatto capire quanto, per otto anni, avesse sofferto per me. Poi, lasciata l'Indonesia, di *norband*, ancora una volta, non abbiamo più saputo niente per molto, molto tempo.

09.

Il sole tramonta in un istante, ve ne siete accorti? Durante il giorno, mentre è alto nel cielo, non facciamo caso ai suoi spostamenti – che sì, lo so, non sono suoi, sono nostri, ma ci siamo capiti. Movimenti lentissimi finché, al termine della discesa, non colpisce l'oceano, le cime dei monti, i palazzi o qualsiasi altra cosa nasconda l'orizzonte allo sguardo. E allora in un attimo: sparito. Ore di luce che diamo per scontata, ci chiniamo per allacciarci le scarpe, ci rialziamo – ed è buio. La notte è arrivata così anche nella mia vita, dopo anni luminosissimi.

Una sera di gennaio del 2014 è squillato il cellulare. Era mia sorella. Mamma aveva avuto un incidente. Come preannunciato, dopo la partenza di mio fratello era tornata ad Hazara Town. La mia opposizione era stata inconsistente: se da un lato non volevo che affrontasse un nuovo spostamento perché sapevo che gli imprevisti dormivano sotto le pietre come i serpenti, dall'altro se fosse rimasta a Nava da sola sarebbe stato peggio. Con scarso impeto le avevo ricordato quanto fosse importante l'Hazarajat per i suoi ricordi, ma lei aveva ribattuto che aveva capito che la memoria conservata nella carne di mia sorella era più importante di quella incastrata tra la paglia dei muri, e che il futuro più dolce era quello riflesso negli occhi delle nipotine. Mi è venuto da chiederle perché non ci avesse pensato prima di partire l'ultima volta, ma mi sono reso conto che dovevo arrendermi: i suoi ragionamenti seguivano, a volte, percorsi imperscrutabili.

C'è da dire che mia sorella stava per dare alla luce una figlia – la quarta. Insomma, detto fatto, mamma era tornata in Pakistan. E io, che ero tanto preoccupato per le pietraie scoscese attorno al passo Gogiag, mai avrei pensato che il destino la attendesse a casa di amici, a Quetta, una sera qualunque, tra l'odore della carne e delle spezie e le chiacchiere affettuose di un gruppo di donne.

Durante la notte aveva nevicato. Un'amica d'infanzia, anche lei arrivata da poco, l'aveva invitata a prendere il tè a casa sua insieme ad altre donne. Mia sorella era rimasta con le figlie. Il pomeriggio era trascorso come una carezza, tra i ricami delle parole e certi sottili pasticcini fritti, ricoperti di zucchero a velo e pistacchi macinati.

Era quasi ora di cena quando mamma si è alzata, ha ringraziato per l'ospitalità e ha detto che sarebbe tornata a casa dalla figlia. L'amica ha protestato con gentilezza. Ma no, ha detto, perché non ti fermi? Condividiamo il pasto.

Non posso. Mia figlia mi aspetta.

Guarda fuori, ha scostato le tende, è quasi buio. Andrai a casa dopo. Ti faccio accompagnare in moto da mio marito.

Devo andare, ha insistito mamma. Tornerò presto a trovarvi.

Lo prometti?

Lo prometto, ha annuito. Ha indossato la giacca a vento, si è stretta lo chador ed è uscita nell'aria tagliente della sera. C'era un odore dolce nell'aria, come di *shir chay* fatto bollire a lungo. Come al solito nelle vie c'era molta gente, venditori, uomini che camminavano veloci, bambini che si attardavano a giocare con la neve che non si era sciolta e madri che li richiamavano. Mamma è passata davanti a una vecchia moschea edificata nel cortile di un palazzo qualunque; c'era già stata, da fuori non sembrava granché, ma dentro le lampadine diffondevano una bella luce, tiepida, che metteva voglia di chiacchierare con Dio. C'era odore di *spannegra*, una radice che cresce in alta montagna e che gli hazara bruciano per scacciare gli spiriti maligni; nel suo fumo, si dice, risiedono le anime degli antenati. A mamma piaceva chiacchierare con Dio e passando davanti alla moschea ha sentito il bisogno di entrare un momento.

Chi c'era dentro con lei? Ha incontrato qualcuno? Non lo so. A cosa ha rivolto il pensiero? A me, alle sue nipotine, a mia sorella, a mio fratello o, come sarebbe anche giusto, a se stessa? Non so neppure questo. Non è rimasta a lungo, ma abbastanza, una volta fuori, da accorgersi che la temperatura era calata ancora, e lei, quel pomeriggio, ingannata dal cielo terso e dai raggi del sole, non si era coperta a sufficienza. Per raggiungere a piedi la casa di mia sorella, in un altro quartiere di Hazara Town, aveva da camminare parecchio. È stato questo il motivo. Il freddo ha nutrito la voglia di tornare indietro, dalle amiche, di ritrovare il calore del focolare e approfittare della gentilezza offerta: farsi accompagnare a casa in moto dopo aver cenato.

Quando l'hanno vista rientrare l'hanno accolta con gioia. Aveva fatto bene, le hanno detto; ora che non pensasse di aiutarle, ché era tutto pronto, poteva sedersi e rilassarsi. Ancora chiacchiere, quindi, luci allegre e gli odori del cibo che dalle mie parti sono spesso intensi.

Il motivo, gli odori, per cui probabilmente non si sono accorti della fuga di gas.

Un bagliore. Chi era distante ha detto di aver sentito un'esplosione sorda, rapida come lo schiocco delle dita. Chi si trovava nei paraggi ed è subito corso in strada a vedere cosa fosse capitato ha raccontato delle fiamme, delle finestre divelte, del fuoco riflesso nei cocci di vetro. Per mia madre e chi altro era presente alla cena dev'essere stato l'inferno.

Hanno poi scoperto che la causa era una bombola difettosa: il gas era uscito in silenzio, aveva raggiunto il fornello su cui stavano cuocendo la cena e non c'era stato niente da fare: prima l'esplosione e poi il fuoco. D'improvviso erano in fiamme la porta, i tappeti, le tende. Erano in fiamme i vestiti, le suppellettili, gli stracci. D'improvviso erano in fiamme le persone.

Il Pakistan è tre ore avanti rispetto all'Italia. Quella sera, quando mia sorella ha chiamato, ero in giro con degli amici. C'ho messo un po' a capire cosa diceva anche perché il respiro era rotto dai singhiozzi. Ho intuito che mamma era rimasta ferita gravemente, che aveva ustioni su tutto il corpo e che l'avevano trasportata in un ospedale locale, il Bolan Medical Complex Hospital. Ho chiesto di poterle parlare, ma mi ha detto che non era possibile, mi avrebbe chiamato il giorno dopo per darmi notizie. La notte, nella mia vita, è calata così, all'improvviso, una sera: il buio nel buio. Rientrato a casa, ho atteso l'alba sul balcone, avvolto in una coperta, perché dentro non mi sembrava ci fosse abbastanza ossigeno.

La mattina dopo ho richiamato io, non riuscivo ad attendere uno squillo del cellulare che non arrivava. Le notizie non erano buone. Mamma era in pessime condizioni. Avrebbe dovuto essere trasferita in un reparto grandi ustionati, ma i medici che l'avevano in cura sconsigliavano di spostarla, dicevano che sarebbe bastato niente per peggiorare una situazione già di per sé precaria. Quel giorno, al lavoro, ne ho parlato con i miei responsabili: mi hanno consigliato di farmi mandare un referto medico in inglese. Ho riportato la richiesta a mia sorella, che però, per la solita vecchia questione dei documenti, mi ha fatto sapere che non riusciva a ottenerlo: non potendo dimostrare che quella donna ustionata fosse sua madre non aveva diritto a chiedere referti ufficiali. Sapendo che una mancia adeguata supera qualunque intoppo burocratico le ho detto di offrire dei soldi: per avere quel dannato referto avrei pagato qualsiasi cifra. Ma intanto i giorni passavano. Prima uno. Poi due. Poi tre. E io, che ero lontano, ero logorato dal senso di impotenza. Avessi potuto saltare su un aereo l'avrei fatto, ma ottenere un visto per il Pakistan, per un hazara rifugiato politico come me, era questione di settimane, forse mesi.

Ai miei responsabili ho raccontato tutto dal primo momento: che ero preoccupato perché in quell'ospedale secondo me non avevano le attrezzature necessarie a curarla; che dicevano che non era in grado di muoversi, di affrontare uno spostamento, perché il rischio di infezioni era altissimo. Daniela e gli altri mi sono stati vicino dal primo istante. Ricordo che onestamente, com'è giusto, ma delicatamente, come è meglio, mi hanno fatto capire che se la situazione era quella, se non era possibile trasferirla in una struttura più attrezzata per via delle infezioni, allora, be', questo voleva dire che la faccenda era grave. Molto. Ricordo che quando me l'hanno detto è stato come se mi avessero colpito in testa con un martello. Era la violenza della verità. Detto questo, mi hanno incoraggiato a non smettere di sperare, e a cercare soluzioni alternative. Non pensavo alla sua morte, non potevo e non volevo mettere in conto quella eventualità. Già immaginavo il giorno in cui l'avrei fatta venire in Italia per le cure, o che so io. Ho cercato di mettermi in contatto con Emergency per procurarle una assistenza migliore. La pubblicazione di *Nel mare ci sono i coccodrilli* e la quantità assurda di eventi a cui avevo partecipato mi avevano fatto conoscere un sacco di gente che ora, chissà, forse mi sarebbe tornata utile. Ricordo che alla fine di un giro di telefonate sono riuscito a parlare con Cecilia Strada, che si è dimostrata disponibile e premurosa. Lei ha chiamato altre persone e ha fatto il possibile per venire a capo della situazione.

Ma era tardi.

Ciò che so è che le infezioni sono arrivate, hanno preso d'assedio mia mamma con le loro armate e se la sono portata via.

Lasciatemi dire questo su Emergency e Medici senza Frontiere e su altre Ong. Per noi afghani sono una luce. In Afghanistan chiunque abbia davvero bisogno di aiuto si rivolge a loro. Capita che la sanità scricchioli persino nei Paesi più sviluppati e non sconvolti dalle guerre, immaginate quale possa essere l'emergenza sanitaria in una nazione in guerra da quarant'anni.

Non c'è zona dell'Afghanistan che non abbia bisogno di ospedali, di personale medico e paramedico formato adeguatamente, di strumenti e medicine. Capita che in certe valli il dottore, magari l'unico nel raggio di chilometri, abbia a disposizione un termometro, uno stetoscopio e un misuratore di pressione. Nient'altro. E non è che ci fai molto con un termometro, uno stetoscopio e un misuratore di pressione: ci misuri giusto la temperatura e la pressione, capisci se uno ha la bronchite, ma poi? I farmaci che possono distribuire sono più che altro antidolorifici e antibiotici, a volte scaduti. Ma pazienza. Se un malato si presenta alla loro porta, state pur certi che se ne andrà col suo bel sacchetto di pillole, perché in fondo chi se ne frega se sono scadute o se non sono la cura giusta, non lo faranno stare peggio di come sta, o di come starebbe se non prendesse nulla. Capita che dottori fasulli si facciano pagare per poi consigliare al malato di recarsi in un'altra città, da un altro dottore, *uno specialista*, che si farà pagare solo per consigliare al malato di recarsi in un'altra città, da un altro dottore, *specialista pure lui, ma ancora di più*, che consiglierà al malato di recarsi all'estero, magari in India, da un altro dottore ancora. E mentre la famiglia s'ingegna a raccogliere i soldi per il viaggio, il malato muore. Capita che la gente, in mancanza d'altro, si affidi alle cure tradizionali, ai guaritori locali, a certe vecchie pratiche che potranno anche servire per curare un'orticaria, ma non certo vite che con medicine adeguate e interventi chirurgici tempestivi potevano essere salvate. Capita che i *mullah* accompagnino il comprensibile conforto spirituale con l'incomprensibile bisbiglio di parole magiche (a detta loro), che soffino sul viso dei malati per chissà quale motivo e che frullino pastrocchi da sciogliere nell'acqua o da portare legati al collo dentro un panno.

Gli afghani da quarant'anni muoiono per cause evitabili. Per il fuoco nemico e per quello amico, perché i bambini raccolgono mine che assomigliano a giocattoli e perché, se sei un padre con una famiglia da mantenere, esci a cercare lavoro anche quando fuori è l'inferno.

Tutti conoscono gli ospedali di Emergency e Medici senza Frontiere. Molti devono ai loro dottori la vita, una gamba, un braccio, una protesi che gli ha permesso di tornare per strada a lavorare. Se c'è un'esplosione, se c'è un attentato, in men che non si dica si formano, fuori dai loro ospedali, file di persone, che siano feriti, parenti o comuni cittadini disponibili a donare il sangue. Non avendo altri posti in cui andare a chiedere giustizia, i genitori, i figli, le mogli dei feriti si ammassano all'esterno per pregare, trasformando quei presidi sanitari in qualcosa di diverso. Qualcosa d'altro. Più simile a un luogo sacro.

Ho saputo da mia sorella che nei momenti di lucidità, quando emergeva dal dormiveglia indotto dai sedativi, mamma si avvolgeva nella preghiera, cercando conforto in quel dialogo con Dio che nella sua vita non si era mai interrotto, nemmeno per un istante; e nei momenti di maggiore lucidità arrivava al punto di sgridarla perché lei, all'ottavo mese di gravidanza, andava a trovarla in ospedale, che se c'è un luogo in cui ci si può ammalare, diceva, un posto pericoloso, in assenza di adeguate precauzioni, be', quello è proprio l'ospedale. Doveva smetterla e stare a casa, tranquilla. Una settimana esatta dopo l'incidente le ha mugugnato: Ora basta, se continui a venire a trovarmi dovrò chiamare Enaiat e dirglielo. Intendendo che io poi avrei dovuto sgridarla. È l'ultima frase che le ha sentito pronunciare: Vai a casa o lo dico a Enaiat. Quel giorno è morta.

Avete presente quando salite su una scala a pioli e all'improvviso uno cede sotto il vostro peso? Erano anni, ormai, che salivo su quella scala, a volte con scioltezza, a volte con fatica, a volte dovendo fermarmi a riprendere fiato, ma non era mai successo che un piolo si spezzasse all'improvviso. Invece quella volta è andata così: ho appoggiato un piede e – *stac!* – il tempo di accorgermi dello schiocco e sono caduto.

Ero stupefatto. Soprattutto perché a quel punto ho iniziato ad attendere lo schianto: stavo cadendo e prima o poi, lo sapevo, mi sarei spiaccicato a terra, era così che andavano le cose. Invece no. Non ero preparato ad affrontare la morte di mia madre, il fatto in sé, l'impossibilità di partecipare al funerale, così come non ero preparato ad affrontarne gli effetti, ossia la interminabile caduta che mi ha accompagnato per mesi, in costante attesa di un impatto che non arrivava. Attendevo il momento in cui avrei sentito le ossa frantumarsi, o più banalmente mi sarei sciolto in lacrime, un pianto lungo e inconsolabile da non riuscire più ad alzarmi dal letto, e invece niente. Semplicemente: cadevo.

Non ho smesso di andare all'università. Non ho smesso di andare al lavoro. Continuavo a frequentare Ilaria e il mio gruppo di amici – anche se di fatto lo avevo ristretto ai coinquilini e a qualche compagno di facoltà. L'unica cosa che ho fatto, quello sì, è stato annullare ogni incontro pubblico. Ecco, quelli non riuscivo proprio più a sostenerli. *Come stai? Hai più rivisto tua mamma? Ti manca?* No, a quel punto non ero in grado di rispondere o argomentare. Se ci avessi provato, magari dall'alto di un palco, non sarei riuscito a emettere altro che un rantolo. Quindi ne approfitto: ascoltate, se all'inizio del 2014 mi stavate aspettando e da un momento all'altro vi ho scritto un messaggio senza tanti fronzoli dicendo solo che avrei annullato l'evento, ecco, mi spiace, forse lo avrete interpretato come un gesto maleducato, e forse avrei dovuto spiegarvi il motivo, ma proprio non ce la facevo; non riuscivo a parlarne e non riuscivo a fare altro che ciò che non potevo smettere di fare, perché io, dentro di me, stavo – ininterrottamente – cadendo.

Abbandonato a quel vuoto infinito riuscivo giusto a muovermi lungo percorsi predefiniti: scuola-casa-lavoro, lavoro-scuola-casa, casa-lavoro-scuola. Dormivo pochissimo. Mangiavo pochissimo. Passavo le notti seduto al tavolo della cucina, al buio, a dialogare col mio dolore, cercando di indurlo a sfogarsi, di stanarlo da sotto quella strana apatia e a tratti provando ad aggrapparmi a qualche sporgenza che, nella caduta costante, vedevo sfrecciare a destra o a sinistra. Io e Ilaria stavamo ancora insieme; lei è stata dolcissima e premurosa e ha cercato di starmi vicino, ma in quel momento era un'impresa disperata. Io vicino non volevo nessuno.

È durata circa un anno. Per un anno mi sono sentito come un pezzo di legno che la marea non riusciva ad abbandonare sulla battigia. Finché un giorno, chiuso in casa, sdraiato sul divano con giusto la forza per premere i pulsanti della tastiera del computer e saltellare da un video di YouTube all'altro, mi sono imbattuto in un documentario. Era una roba divulgativa di astrofisica, parlava dei primi istanti di vita dell'universo. Non so perché mi sono messo a guardarlo, ma sta di fatto che mentre ascoltavo la storia di quella esplosione assurda da cui tutto ha avuto origine, la faccenda della singolarità eccetera, per la prima volta dopo mesi ho sentito come una luce divampare dentro di me. Sono andato avanti, come ipnotizzato; il documentario è passato dal Big Bang ai buchi neri alle supernove alle nane rosse, e mentre ero immerso in quel racconto di stelle e pianeti, come se ciò che stavo cercando fosse nascosto nella vibrazione cosmica di fondo, ho pensato: mamma, ci dobbiamo salutare.

Ho posato il computer, ho aperto la finestra e mentre aria e sole prendevano a giocare con le tende ho capito che anzitutto dovevo ringraziarla – prima quello, e poi lasciarla andare.

Così le ho detto grazie per le volte che da bambino mi aveva pulito la bocca; per le volte che aveva cucinato qualcosa e mi aveva concesso di raschiare la pentola col cucchiaio; per le parole che mi aveva detto e che mi erano servite a capire come comportarmi nella vita; ma anche per quelle che non avevo capito, e con cui ancora oggi cerco di fare i conti; per quelle con cui mi ero trovato in disaccordo, ché sapere di non essere d'accordo è pur sempre un modo per capire ciò che pensi. L'ho perdonata per ogni errore – nessuno è perfetto, anche se dai nostri genitori una certa perfezione ce la aspettiamo. L'ho ringraziata per avermi portato in grembo. Non ho pregato così come, forse, lei avrebbe voluto, perché a differenza sua, che è stata una musulmana praticante e coerente fino all'ultimo secondo, ecco, io va già bene se arrivo a ritenermi agnostico; ma in un punto a metà strada tra la sua fede e il mio agnosticismo io e lei alla fine ci eravamo incontrati, e ci rispettavamo.

Fatto questo, ho smesso di cadere. La scala era sempre lì, le ero sfilato accanto per tutto quel tempo. L'ho afferrata e ho ricominciato a salire. Il piolo rotto, lo sapevo, l'avrei ritrovato, ma si trattava solo di fare attenzione.

10.

A quel punto mi sono rituffato nello studio. Studiare è sempre stato, e continua a essere, il mio rifugio più intimo e personale. Studiare è sognare. Di avere una vita piena e consapevole. Di essere in qualche modo utile alla collettività. Di essere presente a se stesso. Non sogni inafferrabili, quelli che svaniscono al mattino con le strisce di luce che il sole disegna sulle pareti, no, quelli che puoi realizzare se ci dai dentro a sufficienza.

Due anni dopo, a novembre, mi sono laureato in Scienze internazionali, dello sviluppo e della cooperazione con una tesi sui processi di istruzione in Afghanistan. Non ho mai smesso di pensare al mio maestro, che ha preferito farsi uccidere dai talebani piuttosto che chiudere la scuola e smettere di insegnare. Il suo esempio mi ha accompagnato fino alla laurea. Il suo e quello di migliaia di docenti che in Afghanistan, e non solo, hanno sacrificato la loro vita per difendere quanto espresso nella Dichiarazione universale dei diritti dell'uomo, ossia che l'istruzione, per lo meno quella elementare, deve essere gratuita e obbligatoria; che quella tecnica e professionale deve essere alla portata di tutti e accessibile sulla base del merito; e che l'insegnamento deve essere indirizzato al pieno sviluppo della personalità umana, al rispetto delle libertà fondamentali, e promuovere comprensione e tolleranza.

Mentre studiavo ogni tanto mi fermavo a pensare a che cosa avrei voluto fare dopo la laurea. Il primo desiderio è sempre stato fondare un'organizzazione non governativa impegnata nel sostegno all'educazione; con l'obiettivo di fare formazione agli insegnanti afghani, finanziare l'edilizia scolastica e acquistare materiali, libri, computer per gli studenti. Per ora non ci sono riuscito. Ma prima o poi, chissà.

Insomma, a parte la gioia della conquista, l'aver dimostrato, soprattutto a me stesso, che potevo farcela, la laurea non ha messo in moto grandi rivoluzioni. Continuavo a lavorare con la Fondazione per la ricerca biomedica, dove le mie mansioni nel frattempo si erano evolute e non giocavo solo più a Tetris con la plasticheria. Frequentavo gli amici. Davo due calci al pallone quando potevo. Una vita normale. Sentivo spesso mia sorella e continuavo a sostenerla a distanza. Ho persino ripreso a sentire mio fratello, che nel frattempo era riuscito a raggiungere l'Australia, a ottenere un visto come rifugiato, e ora lavora come carpentiere e muratore, a volte inciampando in strane disavventure – non ho ben capito perché, ma ultimamente dorme in macchina – ma vabbè, lui è fatto così, e se lo incontrassi lo abbraccerei e gli direi quanto accidenti mi è mancato in tutti questi anni. Mi chiama sempre lui, perché io quando lo cerco finisce che ha appena cambiato numero di telefono; non so perché lo faccia di continuo.

Nella primavera del 2017, durante una delle nostre telefonate, mia sorella mi ha detto che era incinta: per la quinta volta. Finora aveva avuto quattro femmine e lei e il marito erano in disperata ricerca del maschio. Il marito era in Iran per lavoro e non era sicuro di poter rientrare in tempo per il parto; per cui era probabile che d'estate, nel momento del travaglio, lei sarebbe stata sola.

Ho pensato: No, dai, non da sola!

Come si fa a partorire da soli, senza un fratello, una madre e neppure un marito? In quel periodo ho anche fatto un sogno strano: non so perché ero dentro un pozzo senz'acqua e da dentro il pozzo, in alto, sopra la mia testa, vedevo una porzione tonda di cielo e sentivo la voce di una donna che mi chiamava e mi incoraggiava a trovare un modo per uscire da lì. Non so bene cosa c'entrasse, ma la mattina, quando mi sono svegliato, ho deciso che era ora che tornassi in Pakistan. Non avrei permesso a mia sorella di partorire senza nessuno accanto. Il tempo per sbrigare le formalità e ottenere il visto non era molto, ma dovevo farcela – dovevo arrivare in tempo.

La decisione di rivederla, e di tornare a Quetta, a diciassette anni di distanza, è stata come infilare le dita nella presa della corrente. Ora, dovete sapere che il mio status di rifugiato mi impedisce di tornare nel mio paese di origine, l'Afghanistan, ma a parte quello posso provare a chiedere un visto per andare ovunque: non è detto che me lo diano, ma posso tentare.

Per prima cosa mi sono informato sul sito dell'ambasciata pakistana a Roma e ho controllato l'elenco dei documenti che dovevo fornire. Ho impiegato un paio di settimane a raccoglierli tutti, al che ho richiamato per prendere un appuntamento: hanno detto che dovevo attendere quindici giorni. Mi andava bene lunedì mattina alle 9.30? Ho detto che andava bene. Per due settimane mi sono addormentato con la busta dei documenti sotto il cuscino. Un sabato pomeriggio sono partito per San Marino dove avrei fatto sosta da una cara amica che io chiamo zia Patrizia, una signora che avevo conosciuto durante una presentazione. La domenica l'ho trascorsa con lei e la sua famiglia. A Roma sono arrivato lunedì mattina partendo da Bologna domenica notte. Alle prime luci dell'alba stavo facendo colazione in un bar di Termini: cappuccino e cornetto.

Avendo tempo ho deciso di raggiungere via della Camilluccia, dove ha sede l'ambasciata pakistana, a piedi. Era distante, oltre il ponte Milvio, oltre la Farnesina; ci avrei messo un'ora e mezza, forse di più, ma non avevo altro da fare, e camminare mi piace, soprattutto la mattina presto quando tutt'attorno hai la città che si stiracchia per uscire dal sonno. L'ambasciata pakistana è nascosta dietro un muro arancione da cui sbucano quei meravigliosi pini domestici con la chioma a ombrello che a Roma vedi ovunque. Ero sudaticcio per la camminata e prima di presentarmi al gabbiotto ho atteso che l'aria mi asciugasse fronte e camicia, ché la camicia pezzata non è mai una buona presentazione. Un guardiano mi ha chiesto se avevo un appuntamento. Ho detto sì. Ha controllato su una lista. Mi ha permesso di accedere al cortile dove, su un tavolino, dentro una cesta, ho dovuto lasciare il cellulare. Mi hanno dato un numerino, detto di entrare e aspettare il mio turno.

C'erano una decina di persone, pakistani, italiani. Il funzionario dell'ambasciata che riceveva la gente allo sportello era ben vestito, ma aveva l'aria burbera. Quando il signore prima di me è andato via scuotendo la testa, mi sono avvicinato cercando di mettere su la faccia più simpatica e accondiscendente che riuscivo. Ho raggiunto lo sportello e ho detto buongiorno, ma il funzionario non ha risposto. Ho atteso che parlasse lui, stava battendo sulla tastiera del computer. Quando finalmente si è accorto di me e ha alzato lo sguardo, prima che lui dicesse qualcosa, io ho iniziato a parlare in italiano, tipo: Ecco, buongiorno, dovrei…

Ma lui mi ha subito interrotto dicendo qualcosa in urdu. Ho detto: Scusi?

Lui ha risposto di nuovo in urdu, masticando le parole.

Ora, io non parlo urdu. Nell'anno e mezzo vissuto a Quetta da bambino avevo imparato quattro frasi, quelle necessarie a sfangarla, ma niente di più. Gliel'ho detto. Ho detto: Guardi che non parlo urdu, non sono pakistano, sono afghano. Un particolare di cui, per altro, ero certo si fosse accorto: anzi, che fossi hazara, manco afghano.

Lui ha risposto in urdu – ancora.

A quel punto mi sono arreso e ho cercato di barcamenarmi nella sua lingua. Ho spiegato che desideravo andare a trovare la mia famiglia che abitava a Quetta. Gli ho mostrato i documenti che mi avevano detto di portare. Li ha presi, li ha scorsi velocemente, me li ha restituiti e ha detto che non era possibile, non c'erano le condizioni per ottenere il visto. Lo ha detto senza muovere un solo muscolo della faccia, senza un accenno di empatia.

Ho detto: Cosa? Ho chiesto: Perché?

Ma lui non ha risposto. Si è rimesso a scrivere al computer e ha fatto segno con una mano di far passare chi veniva dopo. Ero troppo agitato per ragionare, per cui ho obbedito, ma non sono andato via, non sono uscito dall'ambasciata; sono tornato a sedermi respirando lungo, come dopo una corsa, e lentamente. Dopo un po' ho notato che a un altro sportello era arrivato un ragazzo giovane, pochi anni in più di me, che ho intuito essere italiano. Mi sono fatto coraggio e sperando che il tizio burbero non intervenisse ho atteso il mio turno per parlare con lui. Mi sono avvicinato.

Ha detto: Posso esserti utile?

Vorrei richiedere un visto turistico. La mia famiglia vive a Quetta e non li vedo da moltissimi anni. Vorrei andare a trovarli.

Oh! Capisco. E da quanto tempo risiedono in Pakistan?

Da diversi anni.

Quanti?

Ho pensato che mia sorella abitava lì da prima che io chiedessi a *mama* Asan di cercarli, quindi da almeno otto, forse nove. Dieci, ho detto.

Dieci, okay. Risiedono legalmente?

Sì.

Hanno una casa di proprietà?

Questa era una fortuna, i soldi per acquistarla li avevo mandati a mia sorella giusto l'anno prima: Sì, hanno una casa di proprietà.

Puoi mostrarmi i loro documenti? Mi servono anche le bollette della luce della casa in cui abitano.

Scusa?

Mi servono i loro documenti, dei tuoi famigliari, intendo. Fotocopie. E poi le bollette della luce intestate a loro che comprovino il fatto che la casa gli appartiene.

Mi sono sentito sprofondare. Non li ho, ho detto. Non sapevo di doverli portare.

Mi spiace, ma senza non posso mandare avanti la pratica.
E quindi?
E quindi devi tornare con quei documenti.
Ma io abito a Torino.
Il ragazzo ha fatto la faccia sconsolata.
Posso spedirveli?
No, mi spiace. Devi tornare di persona.
Oh...
Davvero, ha detto il ragazzo. Mi spiace.
Io ero già felice perché mi sembrava di avere a che fare con un essere umano. Ho detto: Vabbè, grazie lo stesso. Vuol dire che tornerò.

Avevo il treno prenotato per il pomeriggio. Verso la stazione, mentre rifacevo a piedi la strada dell'andata per grattare via la delusione, ho chiamato mia sorella e le ho spiegato cosa doveva spedirmi. Il problema, lo sapevo, era che nonostante la casa a Quetta l'avessi comprata io dopo la morte di nostra madre, non era intestata direttamente a loro, a mia sorella o a suo marito intendo, ma a un conoscente, perché non era vero che erano residenti legalmente in Pakistan. Il fatto, ecco, è che per gli hazara è difficile trovare un luogo in cui risiedere legalmente, a meno che non ricevano una protezione umanitaria o che so io. Il problema non era da poco, ma come ogni cosa da quelle parti era affrontabile con una certa dose di burocrazia creativa. Così ci siamo messi al lavoro, abbiamo cercato una agenzia viaggi di Hazara Town che potesse aiutarci – sì, le agenzie di Hazara Town sono alquanto speciali, diciamo che non si occupano solo di biglietti – e un mese dopo il primo viaggio a Roma ho chiamato l'ambasciata pakistana per prendere un secondo appuntamento.

Treno notturno, cappuccino e cornetto a Termini, e camminata fino a via della Camilluccia. Gabbiotto, *vada pure*, cellulare lasciato in cortile. Allo sportello non c'era il funzionario scorbutico della volta precedente e neppure il ragazzo italiano: c'era qualcun altro. Mi sono seduto e ho atteso il mio turno. Ero preoccupato. I documenti non erano esattamente quelli richiesti. Diciamo che erano simili. Quando glieli ho passati il funzionario li ha voluti tutti, anche quelli controllati la volta precedente. Ho spiegato che ero già stato lì e mentre scorreva i fogli, più contandoli che leggendoli, come andasse a numero, o a peso, a un certo punto, dopo qualche mugugno in un italiano dal sapore esotico, se n'è uscito con: Manca il certificato di nascita dei genitori.
Il *cosa?*
Il certificato di nascita.
Dei miei genitori?
Sì.
E perché?
Per essere sicuri che sei afghano.
Ma sono afghano. I miei documenti dicono che sono afghano. È scritto ovunque. È scritto sul passaporto.

Serve il certificato di nascita dei tuoi genitori.
Ma non ha senso.
...
...
Non hai il certificato di nascita dei tuoi genitori?
Ho cercato di ingioiare la rabbia: No, ovvio che non ce l'ho. Anzitutto perché nessuno mi aveva detto di portarlo, e poi per cento altri motivi, tipo che i miei sono morti e che non ho idea di dove siano i loro documenti, oltre al fatto che non hanno mai avuto un certificato di nascita.
In quel momento è scoppiato un trambusto alle mie spalle, ho sentito gridare in urdu; uno degli uomini in attesa del turno si stava accapigliando con un funzionario dell'ambasciata. Il tizio che si stava occupando di me è rimasto impassibile. Quando, grazie all'intervento della sicurezza, la rissa è finita, mi sono girato, lui mi stava guardando come nulla fosse successo. Quindi, ha detto, non hai il certificato di nascita dei tuoi genitori?

Tornato a Torino ho fatto un giro di telefonate. Un amico mi ha detto: Ma va', guarda che non è vero che serve, quel certificato, lo fanno solo per darti fastidio. Ma al netto del fastidio io avevo fretta di ottenere il visto per arrivare da mia sorella in tempo per il parto. E così me lo sono procurato, 'sto certificato di nascita. Immaginatevi il foglio. Una roba che, giuro, non aveva nessuna validità, ma proprio nessuna, ma quando sono andato a Roma per la terza volta – treno notturno, cappuccino e cornetto a Termini, camminata, gabbiotto, *vada pure*, cellulare – il funzionario allo sportello, che mi è sembrato essere quello della rissa della volta prima, l'ha guardato appena e come se fosse la cosa più ovvia del mondo mi ha preso il passaporto e mi ha detto: Accettiamo la richiesta per il visto. Torna tra quindici giorni.

Ho pensato: No, ma come? Di nuovo. Ho detto: Non potete spedirmelo?

Sì, possiamo, se ci lasci i soldi.

Gli ho chiesto quant'era.

Me l'ha detto.

Ho pagato.

Avanti il prossimo.

11.

Non saprei nemmeno dire come ci sono arrivato, a Malpensa. Dal giorno in cui ho avuto tra le mani il visto per il Pakistan a quando ho chiesto le ferie, ho acquistato i biglietti di andata e ritorno per Quetta via Dubai e Islamabad e ho avvisato mia sorella che stavo arrivando, ma senza dirle il giorno esatto, perché volevo farle una sorpresa, e poi non volevo illuderla, in caso si fosse messo di mezzo qualche nuovo intoppo.

Quel periodo è una specie di nebbia luminescente. Sono stati giorni di quiete furiosa, di attesa febbricitante. In fila mentre aspettavo di imbarcarmi, mi sembrava di avere una borsa dell'acqua calda nei polmoni. L'ultima volta che l'avevo vista, mia sorella era una ragazzina che amava arrampicarsi sul tetto della nostra casa di Nava – *ze berar jan khabar medadi mara, che possa aver notizie di mio fratello* – e stavo per ritrovarla moglie, madre di quattro figlie e incinta di un quinto che tutti speravamo ardentemente fosse maschio.

Ho viaggiato senza guardare film, senza leggere, senza ascoltare musica. Immagini, parole e suoni erano dentro di me. Da Malpensa ho volato su Dubai e l'aeroporto era come uno si immagina l'aeroporto di Dubai: lussuoso e sbrilluccicante. Da lì ho preso il volo per Islamabad, la capitale del Pakistan, che si trova nel nord-est, verso il Kashmir. Siamo atterrati di notte, ma nonostante questo faceva caldissimo. L'umidità evaporava dall'asfalto e ristagnava nell'aria densa come miele; c'era un odore dolciastro, forse causato dall'inquinamento o forse dall'accumulo di polline nell'aria.

Il volo per Quetta decollava la mattina dopo. Nonostante fossi in transito mi avevano avvertito che avrei dovuto ritirare i bagagli, uscire dall'aeroporto, rientrare e rifare il check-in per la valigia da stiva. Hanno impiegato un sacco di tempo a consegnarceli, ma non avevo fretta. Ritirata la valigia, zaino in spalla, mi sono diretto ai controlli doganali. Era di turno un uomo sulla cinquantina, la fronte solcata da rughe profonde, il naso adunco e un paio di enormi baffi a manubrio. Mi sono avvicinato gonfio d'ansia. Lui però mi si è rivolto in dari. Visto quanto successo in ambasciata, mi aspettavo di dover balbettare in urdu pure lì per riuscire a comunicare, e invece mi ha salutato nella mia lingua come fosse la cosa più ovvia da fare. Ho pensato: che gentile, meno male. Mi ha chiesto i documenti. Glieli ho dati. Mentre li studiava con attenzione, sollevandoli in controluce, ha domandato dove fossi diretto.

Dalla mia famiglia, a Quetta.
Da chi della tua famiglia?
Da mia sorella. Sta per partorire.
Questa è una bella notizia.
Tashakor.
Da quanto tempo vivi in Italia?
Tredici anni.

Ha indicato il tavolo e mi ha chiesto, per favore, di aprire i bagagli, sia lo zaino sia la valigia. Mentre lavoravo sulle fibbie e sulle cerniere, gli ho detto che lo zaino più di tanto non potevo *aprirlo*, potevo al massimo tirare fuori i vestiti. Lui ha fatto un'espressione buffa, tipo: ma va là, non ce n'è bisogno. Mi si è accostato, accondiscendente, ha chiesto com'era andato il viaggio – bene, grazie – ha fatto un paio di battute sul cibo servito sugli aerei, e poi come niente fosse ha detto che, insomma, sarebbe stato carino da parte mia lasciargli una mancia, qualche soldo per un *doodh pati* – che sarebbe un tè nauseabondo bollito con latte e zucchero e cardamomo.

L'ho guardato. Mi ha fatto l'occhiolino. Ho pensato: ecco, ci siamo.

Ho risposto che ero desolato, ma che non avevo soldi pakistani. Lui ha risposto che non era importante, andavano bene anche gli euro, oppure i dollari. Ho detto che non avevo soldi da lasciargli, di nessun tipo; tutti i soldi che avevo con me, e che comunque, in contanti, erano pochissimi, servivano alla mia famiglia. Il doganiere si è chinato in silenzio sullo zaino, ha sganciato le fibbie senza chiedere il permesso e ha preso a rovistare tra i miei vestiti con l'accuratezza di un cercatore d'oro, placido come un capodoglio, come se avesse a disposizione tutto il tempo del mondo, senza riguardo per la fila di persone in attesa alle mie spalle.

Avevo comprato dei regali alle nipotine. Non sapendo cosa portare avevo chiesto consiglio a delle amiche che mi avevano suggerito qualsiasi oggetto marchiato *Frozen* per le piccole – portapenne, quaderni, magliette – e dei trucchi o un profumo per la primogenita, che ormai era quasi un'adolescente.

L'uomo baffuto della dogana ha preso un pacchetto dorato: Cos'è questo?

Un regalo per mia nipote.

Oh, un regalo per la nipote.

Sì.

Cos'è?

Un profumo.

È un buon profumo?

Non so... spero le piaccia.

Posso? Senza attendere la risposta ha aperto il pacchetto e ha tirato fuori la boccetta; ne ha spruzzato un po' in aria, ha annusato, ha fatto una faccia contenta, come se gli piacesse, e se l'è vaporizzato addosso, sul collo, sui polsi. Sono stato sul punto di dirgli che era un profumo per ragazzine e che forse non era adatto ai suoi baffi a manubrio, ma avrei rischiato di offenderlo e non era il caso. Lo ha ributtato in valigia senza neppure infilarlo nella scatola. Ha detto: Possiamo restare qui delle ore, lo sai?

Ho pensato di rispondere che il mio aereo per Quetta partiva la mattina dopo e avevo tutta la notte, ma di nuovo l'ironia non avrebbe aiutato. Allo stesso tempo, avessi ceduto, avrei trovato ogni due passi qualcuno intenzionato a spillarmi dei soldi. Mi ero ripromesso di essere rigido. Da subito. Ho risposto che comprendevo e che mi spiaceva molto, ma davvero non ero in condizioni di pagarlo e quindi non potevo fare altro che affidarmi alla sua comprensione; parlando cercavo di trasformare in farfalle i chiodi che mi sembrava di avere tra i denti – o al posto dei.

Si è irrigidito. Ha farfugliato in urdu, qualcosa che non ho capito. A quel punto speravo solo che il circo finisse in tempo per farmi imbarcare. Ma ecco. In risposta alla mia preghiera silenziosa è apparso un suo collega, forse un superiore, non lo so, che ha chiesto se ci fossero dei problemi, perché stava impiegando tanto a farmi passare. C'è un sacco di gente, ha detto. L'uomo con i baffi si è lamentato dicendo che – testuale – gli afghani erano la sua banca (giuro) e non è che poteva farmi passare così, senza ricevere nulla in cambio. I due hanno sghignazzato, ma il secondo uomo ha detto che doveva sbrigarsi, di afghani ne sarebbero arrivati altri. Porta via st'immondizia, ha detto. Ha alzato lo sguardo e ha mosso la mano a paletta per far avanzare chi c'era dopo.

Superata la dogana, ho scoperto che non era possibile trascorrere la notte in aeroporto. Islamabad è una bella città, piena di parchi, ma con uno zaino e una valigia non è che vai a coricarti su una panchina. Avevo paura di appisolarmi e al risveglio accorgermi che erano scomparsi. Così sono uscito dall'aeroporto, sì, ma mi sono fermato a trecento metri, sotto la pensilina degli autobus. Sulla valigia mi ci sono seduto. Lo zaino l'ho posato a terra e per sicurezza ho infilato un piede nello spallaccio. Il resto della notte l'ho trascorso rifiutando ostinatamente le interminabili proposte di chi si offriva di accompagnarmi chissà dove, con la promessa di riportarmi indietro in tempo per l'aereo del mattino.

Quando il giorno dopo sono salito sul volo per Quetta, decollato con oltre un'ora di ritardo, sono crollato addormentato non appena mi sono sistemato al mio posto e ho allacciato le cinture. A svegliarmi c'ha pensato, all'atterraggio, l'impatto con la pista. Ho guardato fuori dal finestrino strofinandomi gli occhi. Quetta danzava sotto un cielo terso.

Ero tornato da dove ero partito. Ma ero tornato in aereo. E con il portapenne e i glitter di *Frozen* in valigia. Chi l'avrebbe detto.

Era una giornata straordinariamente luminosa, ogni cosa luccicava e nell'aria fluttuavano miraggi liquidi dovuti al calore. Mi ero messo d'accordo con Zaher, il fratello di un amico di Torino. Sarebbe venuto a prendermi in aeroporto per accompagnarmi ad Hazara Town mettendosi d'accordo con un tassista di sua conoscenza. Affidarsi al primo che capitava non era consigliabile. Aveva detto: Ti aspetto con un mazzo di fiori. Pensavo scherzasse. Invece, superate le porte, ho trovato ad attendermi un ragazzo dall'aria allegra che stringeva in mano un gran mazzo di fiori finti. Ci siamo baciati e abbracciati come se ci conoscessimo. Ero distrutto ed euforico al tempo stesso.

Raggiunta l'automobile, mentre sistemavo i bagagli, Zaher e il tassista hanno iniziato a discutere. Avevano già pattuito il prezzo della corsa da Hazara Town all'aeroporto e ritorno, ma per qualche motivo l'autista aveva deciso che non andava bene e che era necessario ritoccare la tariffa. Hanno alzato il tono della voce. Hanno iniziato a litigare. Il tassista diceva che bisognava raddoppiare. Zaher urlava che era un imbroglione e non se ne parlava proprio. Io, dal canto mio, sapevo solo di essere stravolto: mi sentivo appiccicoso e puzzolente e volevo fare una doccia; volevo raggiungere la casa di mia sorella e stringerla fortissimo tra le braccia, lei e le mie nipoti che non avevo mai visto se non in foto. Così mi sono intromesso, ho preso da parte Zaher e gli ho detto che per me andava bene, tanto pagavo io, che raddoppiasse pure. Lui ha detto che no, non andava bene affatto, che era uno stronzo. Ho risposto che quando uno stronzo incontra un uomo stravolto bisogna accettare che vinca lo stronzo.

Qualcosa era cambiato nelle strade di Quetta, ma molto era rimasto uguale. Il traffico era sempre lo stesso: automobili, moto, *ragsha* – i risciò a motore –, cavalli, carri, cani, bambini, asini, camion, furgoni. Tutti nella stessa carreggiata impegnati in una specie di danza, lenta, costante, che faceva sì che non ci si fermasse mai e allo stesso tempo si evitassero gli incidenti peggiori.

Il tassista ci ha allungato due cappellini sindhi tradizionali, quelli perfettamente circolari, a parte la porzione sulla fronte tagliata come un sipario, abbelliti da intricati ricami geometrici. Metteteli, ha detto.

Perché?

Perché è meglio. Serve a non dare nell'occhio.

Zaher ha indossato il suo senza controbattere. Un hazara che arriva dall'aeroporto, ha detto, è come un invito a nozze.

Per venti minuti tutto è filato liscio. Io un po' chiacchieravo con Zaher, un po' scrutavo la gente per strada, ma a un certo punto il taxi ha inchiodato non so per quale motivo, e un carro trainato da un asino ci ha sfiorato a destra grattando contro la fiancata dell'auto. Il tassista è sceso di corsa, furioso. Lui e l'uomo che portava il carro hanno preso a urlarsi addosso in urdu, per cui non capivo bene, ma afferrando una parola su dieci ho intuito che il signore del carro stava dicendo che quando le automobili si fermano fanno il *culo rosso* – ha detto esattamente così, lo so perché *culo* è una delle prime parole urdu che avevo imparato da bambino; quando si è piccoli le prime frasi che si imparano in una lingua straniera sono sempre quelle che servono a insultare gli amici – insomma, che le auto facevano il culo rosso – e intendeva le luci, gli stop – e la sua non aveva fatto il culo rosso e quindi l'asino non si era accorto che si stava fermando, perché il suo era un asino che se vedeva una macchina fare il culo rosso lo capiva che doveva fermarsi. Il tassista ha detto che gli stop non funzionavano e non so cos'altro, ma a quel punto doveva essersi arreso alla logica dell'asino, perché dopo un po' è tornato in macchina sventolando il braccio come per dire: va bene, va bene, pazienza.

Ci siamo rimessi in viaggio. Il nostro autista era contrariato e ha acceso la radio da cui è esplosa una canzone pop pakistana – era tantissimo che non ascoltavo quella musica. Zaher mi parlava, ma io ero attratto da ciò che vedevo oltre il finestrino ed ero troppo stanco per dargli ascolto. Mi chiedeva di suo fratello, a Torino. Io rispondevo a monosillabi. Avrei saputo raggiungere il *samavat* Qgazi? Lo avrei saputo ritrovare? *Kaka* Rahim era ancora vivo? Ho pensato a Sufi, non pensavo a lui da un sacco di tempo: chissà dov'era, cosa faceva; se aveva avuto anche solo la metà della fortuna che avevo avuto io. Mancavano quindici minuti per arrivare ad Hazara Town quando il tassista ha imprecato di nuovo, ma a bassa voce, ha rallentato, ha accostato. Questa volta la causa era un posto di blocco.

Zaher mi ha detto: Tu non dire niente, mi raccomando. Lascia parlare lui o me.

I poliziotti si sono avvicinati e hanno chiesto i documenti di tutti. Ho preso il passaporto.

No, che fai, sei matto? ha sibilato Zaher. Lascialo dov'è. Non dare mai il tuo passaporto a nessuno, capito? Tanto meno alla polizia. Dagli qualcos'altro. Hai una tessera con una foto?

Ho quella dell'università.

Dagli quella.

Hanno chiesto da dove venivamo. Il tassista con un paio di battute ha cercato di cambiare discorso, ma i poliziotti non l'hanno trovato simpatico come lui sperava; gli hanno rifatto la domanda e soprattutto intimato di aprire il bagagliaio, in cui ovviamente c'erano il mio zaino e la mia valigia. Dalle occhiate tra Zaher e il tassista ho intuito che se avessero visto i bagagli sarebbe stato un problema. Uno zaino occidentale, una valigia quasi nuova, roba da ricchi. Per lo meno: per loro era roba da ricchi. Il tassista ha estratto delle banconote dalla tasca, gliele ha passate strette nella piega della mano. Zaher ha annuito. I poliziotti le hanno prese senza neppure guardarle. Prima che ripartissimo avevano già fermato un'altra auto.

Ho detto al tassista che gli avrei restituito i soldi.

Lui ha detto no, quello era compreso nel prezzo.

Poco dopo mi sono accorto che stava prendendo una strada che ci avrebbe riportato verso l'aeroporto, ho detto: Ehi! Che stai facendo? Vai dalla parte sbagliata.

Bisogna cambiare automobile, ha detto lui.
Perché?
La polizia. Avranno già avvisato i colleghi.
Avvisato? In che senso?
Ci fermeranno di nuovo e ci chiederanno altri soldi. Per questo dobbiamo cambiare auto. Ho un amico qui vicino. Tassista. Gli lascio la mia e prendiamo la sua.
Ma davvero? ho chiesto a Zaher.
Lui ha fatto spallucce. Va così, ha risposto.
Ed è su quella nuova auto che siamo arrivati ad Hazara Town.

12.

Per entrare dovevamo superare un checkpoint. Anche lì mi hanno chiesto i documenti. A quel punto mi sentivo come se fossi a casa e ho fatto per scendere dalla macchina, ma il tassista mi ha intimato di non farlo. Ha ripetuto ciò che aveva detto Zaher: non consegnare mai il tuo passaporto a nessuno. Ancora una volta è stato lui a parlare alle milizie del checkpoint e a far scivolare i soldi in tasca a qualcuno. Ho pensato che accidenti, qualunque fosse la cifra che Zaher aveva pattuito e che dovevamo raddoppiare, il tassista si era guadagnato ogni centesimo di rupia.

Hazara Town. Un milione e mezzo di abitanti: due terzi hazara, un terzo pashtun e beluci. Il primo insediamento in quella zona risale all'Ottocento, alla guerra anglo-afghana del '39. Durante il Novecento si era ingrandito. Ma è nel corso degli ultimi quaranta anni di conflitti che è esploso, fino a diventare una città nella città, con un'economia interna, mercati, negozi, un corpo di polizia, scuole, ospedali.

C'era molta gente per strada e la borsa dell'acqua calda che avevo nel petto da Malpensa si è appesantita: non riuscivo a credere di essere, sul serio, sul punto di rivedere mia sorella, dopo diciassette anni. Mi sembrava di avere le formiche sotto i piedi e divoravo ogni cosa con gli occhi: le facce delle persone, le ceste di frutta e verdura davanti ai negozi, i cartelli. Non credevo che Hazara Town fosse così grande, così organizzata.

I problemi erano molti, certo. Zaher mi ha raccontato che a volte, per dirne una, mancava la corrente. Magari la trovavi al mattino, al risveglio, poi verso le dieci andava via, poi tornava alle tre del pomeriggio, per svanire di nuovo verso l'ora di cena, giusto per costringerti a mangiare al lume di candela – bisognava sempre averle, in casa, delle candele. Anche l'acqua era un pasticcio. Poche case avevano a disposizione delle riserve personali e di solito i cittadini facevano riferimento a delle cisterne, sistemate nei cortili e nelle strade, che venivano rifornite di tanto in tanto e che, quando passava l'autobotte, erano prese d'assalto; la gente si riversava fuori dalle abitazioni armata di secchi, anche se era notte o l'alba. A fornire l'acqua non era lo Stato, mi ha spiegato Zaher, ma società private. Lo Stato faceva poco, per Hazara Town. Acqua ed energia elettrica a singhiozzo, però, per le strade, vedevi un sacco di Compro-oro, oppure negozi in cui trovare vestiti eleganti, e insomma, c'era anche chi se la sfangava niente male, non si capisce bene come. Un posto pieno di contraddizioni.

Come spesso capita nelle città in cui arrivano tanti migranti da oltre confine, spesso povera gente, che non sa parlare altro che il proprio dialetto, abituata al proprio cibo, alle proprie tradizioni, anche lì gli hazara si erano raggruppati per provenienza geografica, così che, se uno voleva essere accolto, bastava che andasse a cercare il quartiere in cui vivevano quelli provenienti dalla propria provincia o addirittura dal proprio paesino sperduto, in quel modo era facile trovare subito un amico o un parente.

Abbiamo raggiunto una viuzza con molti dissuasori per i *ragsha* tutti diversi, sembravano fatti in casa, così che i mezzi fossero costretti a rallentare e i bambini potessero giocare per strada e scorrazzare in giro come nelle campagne dell'Hazarajat. Ci siamo fermati davanti a un edificio basso, la cui vista, dalla strada, era quasi totalmente oscurata dalle foglie di una vite che si arrampicava lungo un pergolato; sul tetto, spiccava una vecchia cisterna di metallo per la pressione dell'acqua. Il cancello per accedere al cortile era turchese; ricordo di aver pensato che, rispetto alle dimensioni della strada, tanto stretta da rendere difficile qualsiasi manovra anche a una sola auto, il cancello era enorme, come se l'avessero costruito quando davanti c'era uno slargo e poi gli avessero addossato degli edifici non previsti.
Il taxi si è fermato.
È questa?
Sì, ha detto Zaher.
Mi mancava il fiato. Ho scaricato i bagagli e ho cercato nello zaino, nascosti in una tasca interna, i soldi per pagare. Mi tremavano le mani. Ho detto all'autista che non avevo rupie e se, per favore, poteva fare i conti in euro, ma lui ha scosso la testa e ha detto che no, preferiva essere pagato in rupie. Per fortuna, Zaher ne aveva abbastanza con sé. Ho dato gli euro a lui.
Io vado, allora.
Non vuoi venire dentro?

No, macché. Questo è un momento vostro, sarei di troppo.

Oh, grazie, gli ho detto.

Quanto ti fermi?

Un mese.

Avremo modo di vederci.

Ci conto.

…

…

Ora vai, ha detto. Ha alzato un pugno come a dire: forza, bussa.

Ho ruotato sui tacchi, mi sono avvicinato. Ho bussato al cancello turchese, gentilmente, come per il timore di disturbare, di svegliare qualcuno. Silenzio. Ho bussato di nuovo, sempre con delicatezza.

Ma che fai? ha detto Zaher. Tu hai bisogno di mangiare e dormire, amico mio. Mi ha superato da sopra la spalla e ha rifilato una serie di colpi secchi sul metallo.

Ho detto: No no, che fai, così si spaventano…

Ma in quel momento ho sentito uno scalpiccio provenire dall'interno, la serratura è scattata e il viso di una quasi adolescente – *mia nipote? era lei la primogenita?* – è apparso nello spiraglio; mezza faccia, illuminata da una striscia di luce. Mi ha studiato, ha guardato Zaher, poi di nuovo me, e alla fine è scattato qualcosa. Si è accesa dentro. Ha spalancato la bocca e la porta e ha gridato: È arrivato lo zio! È arrivato lo zio! Ed è fuggita nella penombra della casa.

Ho sollevato la valigia: Grazie Zaher.

Di niente. Ora goditi il miracolo.

È così che ha detto, ed era vero: sembrava un miracolo.

Sono entrato dentro, ho chiuso la porta, si sentivano squittire voci di bambine. Il tempo di guardarmi attorno, i muri bianchi, i tappeti a terra, e le altre nipotine sono corse da me; si sono fermate a un paio di metri a osservarmi, timide, diffidenti, in dubbio sul comportamento da tenere. Le ho salutate, ho fatto segno di avvicinarsi, ma loro sono rimaste in silenzio, a distanza, indagandomi e accarezzandomi con lo sguardo. Un rumore di passi è emerso dalle scale che scendevano nel seminterrato. Ho visto sbucare la sommità di una testa femminile. Poi la fronte, gli occhi, il naso, la bocca. La pancia. Si teneva la pancia, mia sorella: gonfia, bassa e appuntita. Sono rimasto senza fiato. Dentro di me danzavo. Mi sono tolto le scarpe e mi sono fatto avanti. In silenzio. Io guardavo lei, lei guardava me, come se entrambi cercassimo nel corpo dell'altro tracce del fratello e della sorella che avevamo lasciato; finché mi sono reso conto che gli occhi non bastavano, che c'era bisogno di andare oltre, scavare nelle ossa, così l'ho stretta tra le braccia, in un abbraccio che conteneva tutti quelli persi in diciassette anni. Che sapesse ripagarci della fatica. Siamo rimasti a lungo immobili, uno nel calore dell'altro. Finché lei ha detto: Siediti, preparo il tè.

Era una casa a due piani, livello strada e seminterrato, quattro stanze più quel piccolo cortile con il pergolato e la vite. Ci siamo accomodati a terra, sui cuscini. Mia sorella ha versato il tè, mentre le nipotine mi ronzavano attorno, si è seduta al mio fianco.
Tieni, ha detto; mi ha offerto una cipolla.
Che devo farci?

Mangiala.

Una cipolla?

Da queste parti l'acqua non è sempre pulita. Ci sono i batteri. Mangiala, ti proteggerà.

Gulpari, ho detto chiamandola come la chiamava nostra madre. La cipolla cruda, insomma...

È come un vaccino.

Sarà anche un vaccino, ma io sono stanchissimo, sono emozionato, e il sapore che ho voglia di conservare nella bocca, in questo momento, non è quello di una cipolla cruda, perdonami. Con l'acqua farò attenzione.

Ho del pollo cotto nella salsa di pomodoro.

Perché no? Un po' di pollo lo mangerei volentieri, grazie.

Intanto le nipotine stavano iniziando a prendere confidenza, mi saltavano addosso e indicavano la valigia, desiderose di sapere se avessi con me dei regali. Io facevo il prezioso: eh, chissà, vedremo. Ho mangiato il pollo, che ricordo era untissimo e gustosissimo. C'era quell'atmosfera tesa, tipica di quando hai talmente tante cose da dire da non sapere da dove iniziare. Sono andato a sdraiarmi e sono crollato in un sonno compiaciuto, come non mi capitava da tempo. Mi sono svegliato che era ora di cena.

Quella sera, aperti i regali, le nipotine hanno deciso che ero lo zio migliore del mondo. E io, manco a dirlo, mi sono affezionato a loro istantaneamente. Con la più piccola poi, soprattutto con lei, che aveva poco più di tre anni, si è subito creato un rapporto di quelli che, giuro, sembrava fossimo vissuti insieme dall'inizio dei tempi: mi stava sempre intorno, mi seguiva ovunque, voleva che la prendessi in braccio e la coccolassi. Il suo papà era in Iran a lavorare e non lo vedeva da parecchio tempo, ormai; per cui credo si sia legata molto a me anche per quello.

Il giorno dopo si è sparsa la voce del mio arrivo e da quel momento, per una settimana, è stata tutta una processione di parenti che non sapevo di avere e figli di amici di famiglia di cui non conservavo memoria che passavano a salutarmi e a conoscermi e raccontarmi aneddoti che avevano a che fare con mia madre o addirittura mio padre, o i nonni. L'unico problema è che ogni volta che arrivava qualcuno bisognava accoglierlo e da noi, accogliere come si deve, significa offrirgli del cibo, e questi spesso si presentavano all'alba, tipo prima di andare al lavoro, e per me che avevo il jet lag verso est, quello che ti fa stare sveglio la sera e dormire a lungo il mattino, e per mia sorella, che ricordiamocelo era incinta all'ultimo mese di gravidanza, era una fatica che non vi dico. Li accoglievo frastornato, annuivo e sorridevo ubriaco per dare loro la soddisfazione che meritavano, ché erano stati così gentili da passare; ma c'era il problema, poi, quando li rivedevo di pomeriggio tardi o di sera, che a volte non mi ricordavo di averli incontrati.

Insomma, processioni a parte, i giorni hanno cominciato a scorrere con una piacevolezza mostruosa; e io sono scivolato sempre di più nel calore della famiglia. Il tempo volava. Ogni mattina mi svegliavo presto per preparare la colazione alle mie nipoti più grandi che dovevano andare a scuola; controllavo che avessero il necessario, che non si scordassero i compiti fatti il giorno prima. Ogni secondo era tutto inzuppato di senso, ogni gesto pieno di valore, che fosse giocare a nascondino con le piccole, aiutare in casa, o anche solo stare seduto con mia sorella a parlare, a raccontarci, a mettere a posto i pezzi. Dovevo stare un mese. Era la durata del visto. Avevo già il biglietto di ritorno. Sapevo che sarebbe stato poco, ma non così tragicamente poco. Almeno speravo che mia sorella partorisse il prima possibile, da poter fare qualcosa, rendermi utile. La bambina o il bambino che fosse però era in ritardo. Iniziavo a preoccuparmi.

Un pomeriggio mia sorella stava scendendo le scale del seminterrato e non so come e non so perché, ma ho capito che qualcosa non andava. Le sono andato incontro e stavo per dirle, tipo: tutto bene, vuoi che ti aiuti a fare qualcosa, ma non ho fatto in tempo ad aprire bocca. È svenuta, si è sgonfiata come un palloncino, e ho appena avuto la prontezza di acchiapparla evitando che rotolasse giù dalle scale. Oggi penso che il mio viaggio, non fosse poi successo tutto quello che è successo, avrebbe avuto senso anche solo per quell'istante: che fossi lì, in quel momento, a evitare che si facesse male.

Si è ripresa. Ha detto che non era nulla, un calo di pressione. Ma ecco che il giorno dopo, prima all'alba, mi sono svegliato per dei rumori di pentole e certi mugugni strozzati, come di qualcuno che si sforza di non gridare. Il bambino stava nascendo. Ho chiesto cosa potevo fare. La nipote grande che aveva qualcosa come quattordici anni ha detto: Nulla, ci penso io. Si muoveva rapida seguendo le indicazioni di mia sorella. Ero basito. Ma come? Non chiamavamo nessuno? Un dottore, un'ostetrica? Non c'era il tempo. Ho chiesto a mia nipote se era agitata – gliel'ho chiesto per non sentirmi solo, visto che io stavo per svenire – ma lei ha risposto: No, perché? Sono solo felice che stia per nascere. Chissà se è un maschio, questa volta. E via di acqua calda e asciugamani e tutta quella roba. E in men che non si dica ecco un grido straziante, un vagito. E mio nipote era lì, davanti a me. Un maschio.

Ero stravolto. Non avevo fatto nulla ma non importa, ero stravolto. Sdraiata sul materasso con il piccolo tra le braccia, che era una scena da sciogliersi tra le lacrime, cosa che mi è puntualmente successa, *gulpari* mi ha chiamato: ha detto che nella nostra tradizione si usa addolcire la bocca del bambino appena nato e che a farlo doveva essere una persona che sarebbe stata importante per lui nel corso della vita e anche una persona di valore, perché dopo quel gesto il neonato avrebbe preso le caratteristiche di quell'adulto.

Voglio che sia tu.

Io?

Sì.

E quindi cosa devo fare?

Devi passagli sulle labbra qualcosa di dolce e di simbolico.

Dolce e simbolico? Non avevo capito nulla. Ho detto: Va bene, ci penso io.

Sono corso a rovistare nella dispensa e ho trovato del *nabat*, cristalli di zucchero conditi con zafferano e altre spezie. Ho preso quelli. Ma non mi sembravano granché simbolici. Allora mi sono sporcato la punta di un dito con un po' di terra pulita, quella che, in assenza di acqua, si usa per detergere le mani prima della preghiera; sono corso da mia sorella e sulle labbra del mio primo nipote maschio ho sfregato il *nabat* e la terra. Il primo contatto del bambino con la vita esterna. Il nome l'aveva già scelto la sorellina più piccola. In caso fosse stato un maschio l'avrebbero chiamato con la parola che in dari significa *spiaggia*. E così è stato. Mia sorella era rilassata e felice; dopo quattro femmine, un maschio era la speranza di una pensione o, per dirla in un altro modo, che ci sarebbe stato qualcuno a occuparsi di lei in futuro.

Quella notte, col piccolo *Spiaggia* sdraiato al suo fianco, mi ha guardato e ha detto: Ora tocca a te.

Ho aggrottato la fronte: Tocca a me, cosa?

Mettere su famiglia.

Oh, quello!

Sei più vecchio di me, dovresti già averci pensato.

Be', sai, le cose in Italia funzionano in un modo diverso...

Ossia?

Non ci si sposa giovani come da noi. L'età media è più alta. A volte si studia a lungo.

Conosco delle famiglie che potrebbero essere interessate.

Ho sgranato gli occhi: A cosa?

Per le figlie, intendo. Potrei chiedere.

Ma che dici?

Davvero, non mi costerebbe molto.

Ma ti pare? Concentriamoci su 'sta meraviglia che hai messo al mondo, okay? Guardalo.

Io pensavo scherzasse, giuro. Ma lei non scherzava mica. Dal giorno dopo, approfittando anche dell'ennesimo pellegrinaggio di visite, si è messa a parlare di me tra gli amici e tutto. Io le davo corda perché non volevo essere scortese. Finché, dieci giorni prima della partenza, mi ha accolto con un sorriso – tornavo dal mercato – e mi ha detto: Oggi vestiti bene, Enaiat.

Ho risposto: Io sono sempre vestito bene.

Lei: Sì, ma oggi vestiti meglio.

Okay. Perché?

Andiamo a scattare delle foto.

Quali foto?

Le foto che devo mostrare a certe famiglie.

Quali famiglie?

Quelle con le figlie che stanno cercando marito.

Cosa?

Mia sorella ha fatto la faccia di chi non capisce: Ne avevamo parlato.

Ma io pensavo scherzassi.

E perché avrei dovuto scherzare?

A quel punto ho capito che la situazione stava prendendo una piega pericolosa, ho detto: Ehi, no, no, no, io non sono mica venuto qui per cercare moglie, ma che pensi?

Per quanto riguarda i matrimoni combinati, nella mia etnia le cose sono cambiate molto negli ultimi vent'anni. Oggi è raro che una ragazza venga obbligata a sposare un ragazzo. Resta una certa cerimoniosità nel chiedere la mano della sposa, una ritualità spinta, diciamo, ma la volontà delle parti in causa è tenuta in grande considerazione. E quindi niente, sentivo una strana corrente d'aria, così le ho chiesto di sedersi, per favore, e ho cercato di spiegarle che mi ero abituato a fare le cose all'occidentale, senza fretta, lasciando al destino la possibilità di tramare alle mie spalle. *Gulpari* insisteva. Ha insistito un sacco. In fondo la capisco. È difficile vedere il mondo con gli occhi degli altri se non ne hai mai avuto l'occasione. E poi è più semplice e rassicurante fare come hai sempre fatto.

Alla fine le ho dovuto dire di piantarla. Che non erano affari suoi.

Lei poverina ci è rimasta male.

E un poco pure io.

13.

A quel punto mancava un niente al mio rientro e più ci pensavo più c'era una cosa che mi attanagliava: avrei voluto vedere la mia terra. Lo so che le frontiere, di solito, offrono, tanto da una parte quanto dall'altra, lo stesso ambiente naturale. Che gliene frega alla natura dei nostri confini? Per dire, raggiungere il passo Gogiag avrebbe significato starsene in bilico sulle pietraie tanto sul versante pakistano quanto su quello afghano; e certo non avrei potuto far correre lo sguardo fino all'Hazarajat, a Nava, o che so io, ma dopo tutti quegli anni avrei dato non so cosa per sentirmi dire: Ecco, Enaiat, lo vedi? Quello laggiù è l'Afghanistan.

Un giorno mi hanno presentato un ragazzo, Khaliq. È tuo cugino, hanno detto. Era arrivato in città da poco e, senza bisogno che lo specificasse, ho subito capito che mestiere faceva. Era un tipo simpatico, con cui era piacevole chiacchierare. Seduti sui gradini, con il sole che ci spettinava, è stato lui, a un certo punto, senza che io glielo chiedessi esplicitamente, a sottolineare che, tra le altre cose, era impegnato a portare la gente di qua e di là dal confine, ma soprattutto bambini, bambini malati che in Afghanistan non avrebbero avuto la possibilità di ricevere cure adeguate, e famiglie in visita ai parenti fuggiti in Pakistan. Una madre, un fratello, un figlio che si riabbracciano dopo essere stati separati per anni, ha detto, ti ripagano da ogni fatica. E tu sai di cosa parlo.

Ho annuito osservando passare un venditore di limoni. Ha visto che lo guardavo e mi ha sorriso. Ho ricambiato.

Khaliq diceva che avevo fatto bene a partire; mi ha fatto molte domande sulla vita in Italia. Io invece ero ammirato dalle sue scelte, dal suo coraggio.

Sei rimasto per aiutare la nostra gente.

Ciascuno fa ciò che sente sulla base di ciò che può. A te manca?

Cosa?

L'Afghanistan.

Ho detto: Molto. Ho afferrato da terra una stecca di metallo e ho disegnato una riga nella polvere della strada.

Se vuoi notizie fresche, ho portato qui delle persone da Nava. Una madre e una figlia. Ha aggiunto che erano venute per rivedere i nonni, fuggiti alla fine degli anni Novanta dalle persecuzioni dei talebani, durante il periodo peggiore del regime. Chissà, magari li conosci, ha detto.

Mi piacerebbe.

Vieni, andiamo a trovarli. Si è alzato spazzolandosi i pantaloni.

Eravamo nei pressi del mercato, la casa di questa famiglia non era lontana dalla mia, così siamo tornati indietro e l'abbiamo raggiunta passando per dei vicoli stretti che Khaliq sembrava conoscere alla perfezione. In quel momento c'era solo la madre. Quando le ho detto chi ero ha sgranato gli occhi e con una voce morbida, colma di affetto, mi ha raccontato che conosceva bene la mia, di madre, e che da bambine erano state amiche. Aveva saputo della sua morte, una cosa terribile, si era portata le mani al viso, come per una preghiera. Era allegra. Abbiamo riso molto, ricordo, nonostante non ci fosse molto da ridere vista la situazione nell'Hazarajat. Parlava senza sosta e forse è una sciocchezza, ma addirittura mi è sembrato di ricordare la sua voce, come se emergesse dalle ceneri della mia infanzia, dall'odore di un pomeriggio di pioggia, ad aprile, passato in casa a sgranare piselli. Abbiamo bevuto tè. Si è fatta sera. Ora devo andare, ho detto.

Ho salutato. Uscito dalla casa mi sono accorto che Hazara Town era immersa nel giallo: il sole stava dando il meglio di sé e le finestre rifrangevano il tramonto spalmandolo sui muri. Khaliq era andato via prima, per cui mi sono fermato a pensare da che parte eravamo arrivati. Casa mia doveva essere giusto dietro l'angolo: tutto stava nel capire quale angolo. In quel momento, mentre cercavo di ricordare da dove eravamo arrivati, delle voci femminili hanno richiamato la mia attenzione, obbligandomi a voltare la testa. Erano in tre, alla mia destra, in piedi accanto a un portone; in tre, ma io mi ero voltato seguendo la scia luminosa lasciata da una voce in particolare, e quando avevo capito a chi apparteneva, appena le avevo posato gli occhi addosso, il suo viso mi era sembrato perfettamente intonato.

Indossava un vestito tradizionale che giocava con diverse tonalità di azzurro. Mi sono ricordato quando, da bambino, mi nascondevo dietro le finestre per osservare le ragazze che si preparavano per le danze prima di una festa, le ho viste ballare tra le sue ciglia, tanto da aver l'impressione di sentire persino la musica. Ho scrollato la testa. Quando sono tornato in me, mi sono accorto che le ragazze avevano smesso di parlare; mi stavano osservando facendo finta di non farlo, com'è giusto. La più alta ha detto qualcosa e sono certo che riguardasse me. Ho drizzato la schiena. Le sono sfilato accanto, salutandole, e facendo attenzione, pure io, a non fissare troppo quella al centro, quella con la voce dolce e il viso altrettanto. Ho salutato con un movimento cortese della testa e sono andato via. Ma passando, ecco, senza che se ne accorgesse ho registrato i suoi lineamenti, me li sono appiccicati agli occhi, la voce alle orecchie. Non so neppure come sono tornato a casa. Ho camminato per un'ora buona in quella luce gialla, gloriosa. Non ho smesso un attimo di pensare a lei.

Ora voi direte: eccola, la trama del destino. Il giorno dopo è capitata 'sta cosa, è successo che a metà mattina mia sorella si è messa a chiamare la figlia piccola, quella che io chiamavo *Agi*, che è un soprannome buffo, per una bimba, perché di solito così vengono chiamate le persone ricche che possono permettersi di assolvere ai voleri divini, tipo recarsi alla Mecca. E niente, insomma, lei la chiamava e la chiamava, ma di *Agi* non c'era traccia: scomparsa. Dove accidenti si era ficcata? Ci siamo messi tutti a cercarla, in allerta, sperando che non le fosse successo nulla, ma non la trovavamo. Ho fatto il giro del quartiere. Non era insolito che i bambini, anche quelli molto piccoli, giocando insieme per strada, si allontanassero da casa; ma ad Hazara Town, come nell'Hazarajat, c'è 'sta cosa che i figli sono figli di tutti. Gli occhi degli adulti, se possono, sono occhi di genitore, pure se figli non ne hanno. Detto questo, i piedi mi hanno portato verso la casa della donna da cui ero stato il giorno prima e una volta arrivato lì: ecco *Agi*, con altri bambini, nel suo cortile. Seduta su una sedia di metallo c'era la donna. Accanto a lei, la ragazza dalla voce dolce e il viso altrettanto a cui non avevo smesso di pensare un solo istante dalla sera prima.

Agi, ho detto entrando, ti cercavamo.

La donna e la ragazza, a sentire chiamare così una bimba di quattro anni sono scoppiate a ridere. Ho salutato la donna e lei a quel punto mi ha presentato la ragazza, che ho scoperto essere sua figlia: Fazila. Ci siamo scambiati uno sguardo fugace salutandoci come andava fatto, con timidezza. In quel momento è arrivata l'acqua: un trattore che trainava una cisterna su ruote. Le donne si sono alzate e io mi sono affrettato ad aiutarle per portare in casa più acqua possibile. Nel frattempo non perdevo occasione per far entrare Fazila nel mio campo visivo e più la osservavo più ero stupito dalla potenza di ciò che sentivo: ma davvero, davvero mi stavo innamorando?

Mi sono ben guardato dal parlarne subito con mia sorella. Era così frettolosa. Non volevo che combinasse qualche pasticcio, tipo precipitarsi a parlarne con la famiglia. Anche perché, a dirla tutta, ormai io ero abituato a fare le cose a modo mio, insomma, all'italiana, che prima si chiacchiera, poi si esce, e una cosa tira l'altra, in modo da prendersi le misure a vicenda. Il problema era che dovevo partire tre giorni dopo. Indagando ho scoperto che Fazila si sarebbe fermata tre mesi ad Hazara Town. Ho pensato: no, vabbè, non posso partire adesso. Se partivo non l'avrei più rivista, su questo non c'era dubbio. Sono rimasto sveglio una notte intera, sdraiato a fissare il soffitto, e la mattina ho comunicato a mia sorella che avrei prolungato la permanenza. Ovviamente ho detto che lo facevo per loro, per stare con il nipote appena nato, aiutarla e tutto quanto – e in parte era vero, intendiamoci. Ma sapevo che dovevo fermarmi perché il gorgoglio che sentivo nello stomaco quando incrociavo Fazila non era normale. E per capire cosa mi stava succedendo avevo bisogno di tempo.

Sono corso in una agenzia e ho chiesto se potevo prolungare il visto. Hanno risposto che non era possibile ottenere un visto per tre mesi, ma se avessi pagato (il giusto) loro avrebbero trovato il modo di rinnovare il visto ogni mese per tre volte. Ho telefonato a Torino, in facoltà, e ho parlato con Lia, la segretaria; le ho chiesto se avevo diritto a una aspettativa. In facoltà hanno risposto che sì, avevo diritto a circa novanta giorni. Non ci potevo credere. Ho detto: Perfetto, grazie, siete davvero gentili. E li ho presi tutti.

Mi sono messo d'accordo con *Agi*. Era lei la mia arma segreta. Ogni pomeriggio la mandavo a giocare nel cortile della casa dove Fazila e sua madre erano ospiti, così che fossi costretto ad andarla a riprendere. Come ho detto, erano venute ad Hazara Town per fare visita ai nonni fuggiti anni prima dall'Afghanistan e si erano sistemate da loro. Spedivo *Agi* a giocare lì con altri bambini e *ça va sans dire*, che è una cosa che so dire in francese (l'unica), ne approfittavo per scambiare due parole con Fazila. L'argomento era scontato e la curiosità sincera: le chiedevo di Nava e dell'Hazarajat.

Volevo sapere ogni cosa. Volevo che evocasse la nostra terra e il nostro popolo, lì, in quel cortile, di fronte a me. Mentre lei, da parte sua, era comprensibilmente incuriosita dalla vita in Italia, argomento su cui io ero ben felice di dilungarmi. Quando poi, a metà pomeriggio, passava il carrettino dei gelati, fischiavo per fermarlo e lo offrivo a tutti, per fare bella figura.

Non credevo mi sarebbe capitato in quel modo – ma è successo. Una ragazza del mio paese incontrata per caso a migliaia di chilometri di distanza da dove abitavo ora e lontano pure da dove abitava lei. Come se ci fossimo dati appuntamento. È proprio vero che il cammino si apre camminando. Un mese (un altro) è rotolato via senza che me ne accorgessi, e poi una settimana ancora, e ancora una. Io e Fazila passavamo la maggior parte del tempo insieme a chiacchierare, finché una sera, tornando verso casa, con *Agi* che mi trotterellava accanto, mi sono reso conto che il tempo che mi restava era comunque poco. Fossi partito senza affrontare la questione rischiavo di perderla. Ma cosa potevo fare? Non ero in Italia e neppure in Europa e per quanto la sua fosse una famiglia del ventunesimo secolo, secondo il calendario occidentale, era pur sempre (anche) una famiglia del quattordicesimo, secondo quello persiano. Una famiglia hazara tradizionale. Insomma, l'unica possibilità che avevo era chiederle di sposarmi. Già. Ma era quello che volevo? Mi volevo sposare? Ero certo di desiderare di trascorrere il resto della mia vita con quella ragazza? Ero davanti al portone turchese della casa di mia sorella, con *Agi* che saltellava di qua e di là, quando la risposta è arrivata, limpida: sì.

Le chiederò di sposarmi.

Quando l'ho detto a mia sorella non ci voleva credere. Dopo tutte le nostre discussioni a proposito del farsi una famiglia, di come andavano le cose qui, di come funzionavano in Italia eccetera, pensava scherzassi, che la stessi prendendo in giro. Ho dovuto ripeterlo diverse volte: era vero, ero innamorato, volevo chiedere la ragazza in sposa; doveva aiutarmi a fare le cose per bene e dovevamo farle in fretta. Non potevo pretendere di comportarmi all'italiana. Le regole da seguire dovevano essere quelle dei genitori di Fazila; regole che io non conoscevo, mentre lei sì.

A mia sorella sono venuti gli occhi lucidi. Era raggiante.

Andrò da sua madre, ha detto, e le dirò ciò che bisogna dire.

Ossia?

Khaghishtar giaru kido amadem. Raccolgo la polvere che ho sparso in giro.

Sei sicura che si dica così?

Gulpari mi ha guardato di sbieco, si è alzata in piedi: Vado a cambiarmi.

A cambiarti?

Per andare dalla madre di Fazila.

Ho sgranato gli occhi: Ci vai... adesso?

Perché no?

Ho sospirato: Certo, perché no?

Vado?

Avevo le mani sudate. Ho sorriso terrorizzato. Ho annuito: Vai.

Visto quanto avevo lavorato per starle simpatico, potete ben immaginare che la madre di Fazila sia rimasta felice, e credo neppure troppo stupita, della proposta. Ma ha aggiunto che non poteva essere lei a decidere. Anzitutto c'era la volontà di Fazila. Poi, nel caso in cui lei fosse stata d'accordo, c'era il papà, che non era venuto in Pakistan, e che era rimasto a lavorare in Afghanistan e andava avvertito e consultato.

Per ciò che so, quando la madre le ha detto della proposta, Fazila ha accettato. Subito. Si sono abbracciate felici, emozionate da quella inattesa piega degli eventi. Quando i rami degli alberi vanno eleganti per i fatti loro, ha detto la madre a mia sorella qualche giorno dopo, non c'è bisogno di chiamare il giardiniere.

Il padre è stato informato e ci siamo parlati a lungo al telefono. Un chiacchierone pazzesco. Mi ha riempito di domande, ma non solo, pure di racconti. Conosco la tua famiglia e so di che fango è fatta, ha detto. *Fango?* Ho pensato: certo che dalle mie parti la gente parla in un modo proprio buffo. Conoscevo bene tuo nonno materno, ha aggiunto. Un uomo nobile e dal cuore grande. Quindi sì, se Fazila è d'accordo, io sono d'accordo.

Qualche giorno dopo Fazila e sua madre sono venute a casa nostra. In quell'occasione mi ha detto che se ci fossimo sposati, finché non riusciva a raggiungermi in Italia, voleva continuare a vivere con la sua famiglia. Ero d'accordo?

Ho detto: Certo, dove altro potresti vivere?

Intendo, ha continuato lei, che non voglio fare come quelle mogli che stanno a casa sole, senza il marito, in attesa che lui torni da qualche paese in cui è andato a guadagnarsi la pagnotta. E poi magari arrivano e subito ripartono, giusto il tempo di imparare il nome del figlio avuto nel frattempo. I nostri figli dovranno avere un padre. E io uno sposo, al mio fianco, ogni giorno. Se ci sposiamo, tornerò in Afghanistan con mia madre. E noi due staremo insieme il giorno in cui potremo *davvero* vivere insieme. Sei d'accordo?

Ho risposto di sì. Ero totalmente d'accordo.

Ci eravamo incontrati, io e Fazila, come s'incontrano quegli affluenti il cui destino è nutrire lo stesso fiume. Con la stessa semplicità ci siamo sposati.

La tradizione vuole che i genitori della sposa si facciano carico di acquistare il vestito al futuro genero e i genitori dello sposo pensino a tutto il resto: alla *chila*, l'anello nuziale, ai nastri gemelli che i due indossano sulla fronte durante il rito, all'abito di lei, al pranzo e alla festa. Durante la *nikka*, la cerimonia del giuramento il colore degli abiti è il verde, il colore dell'Islam, della primavera e del nuovo inizio. Il *mullah* che celebra il rito interroga i testimoni per assicurarsi che ogni cosa avvenga senza costrizione e in piena consapevolezza, poi legge certi versetti speciali del Corano. I due sposi, in atteggiamento solenne, durante il rito tengono gli occhi bassi e alla fine firmano i certificati di matrimonio.

Ecco, tutto questo l'abbiamo saltato. Troppo complicato, troppo dispendioso. Non c'era il tempo. Abbiamo giusto atteso che il padre di Fazila ci raggiungesse e abbiamo fatto una bella festa, allegra, con tanta musica. Un imam ha certificato il matrimonio religioso. Il passo successivo sarebbe stato farlo ratificare a livello civile.

E via.

Dieci giorni dopo sono ripartito per l'Italia e Fazila per l'Afghanistan.

Ora dovevo trovare il modo di farla arrivare da me.

E sapevo che non sarebbe stato semplice.

14.

Tornato a casa, a Torino, a quattro mesi dalla partenza, dopo aver assistito alla nascita di mio nipote; dopo aver vissuto con mia sorella; dopo che *Agi* che mi aveva svegliato per tutto quel tempo, la mattina, saltandomi sulla pancia; dopo essermi sposato – dico: *sposato* – che se c'era una cosa che non pensavo di fare, al momento della partenza, ecco, era sposarmi; dopo aver ritrovato una cultura che, per quanto mi senta italiano, resta comunque un tatuaggio sulla memoria, ecco, dopo tutto questo mi sembrava di essere uscito da un sogno.

Dopo tutte quelle ore di aereo, quando ho posato le borse nella mia camera, mi sono sentito solo come non mi ero mai sentito prima. Ho salutato Laura e Stefania, le mie coinquiline, due ricercatrici della facoltà di Biotecnologia che avevano preso il posto di Cristian e Charles, sono entrato in camera, mi sono gettato sul letto e mi sono addormentato; un sonno che non finiva più, ho dormito per giorni interi, sognando di essere ancora con mia sorella.

A trascinarmi fuori dalla malinconia è stata la luce bellissima per cui avevo scelto quell'appartamento e il rumore delle pentole dalla cucina. Avevo una nuova vita per cui lottare. Avevo Fazila per cui lottare. Ho gettato per aria le coperte, mi sono fatto la doccia e, quando sono uscito dalla camera nel corridoio-foresta, ecco, da quel momento il mio unico pensiero è stato portarla in Italia.

Per i rifugiati il ricongiungimento familiare con il coniuge, in teoria, non è eccessivamente complicato. Ma nella pratica la quantità di burocrazia da affrontare è enorme. Per prima cosa dovevo rivolgermi all'ambasciata italiana a Kabul. Sul loro sito ho trovato questo avviso:

A seguito dell'attentato terroristico avvenuto il 31 maggio 2017 nel quartiere diplomatico di Kabul e per il progressivo aggravarsi delle condizioni di sicurezza nella capitale, l'ufficio visti dell'ambasciata italiana in Afghanistan è stato temporaneamente chiuso. Durante la sospensione i cittadini di nazionalità afghana potranno presentare le domande per i visti in un altro Stato.

Ecco cosa intendevo con: in teoria. Fazila, i suoi genitori e io ne abbiamo discusso: la cosa più saggia era rivolgersi all'ambasciata italiana a Teheran. In Iran avevamo parenti e amici che potevano aiutarci e poi c'era la questione della lingua e quella della religione che forse avrebbero facilitato l'approvazione della pratica.

In Italia ci si lamenta della burocrazia. Ovunque ci si lamenta della burocrazia. Forse giusto i finlandesi o i lussemburghesi non si lamentano. Ma chi si lamenta della burocrazia non è mai stato in Afghanistan. Gli uffici ministeriali del mio Paese sono la Fossa delle Marianne della burocrazia. Timbri fogli timbri fogli timbri fogli. Vada in quell'ufficio. Vada in quell'altro. Aspetti. No, oggi non c'è, torni domani.

Ma avevate detto che oggi ci sarebbe stato. È la terza volta che mi fate questo scherzo. Io sono venuta apposta e ho pure viaggiato un giorno intero.

Non so che dirle, *khowar*, deve tornare domani.

Va bene. *Tashakor*.

(Il giorno dopo)

Oggi c'è?

No, non c'è neppure oggi, forse la settimana prossima.

Forse?

Sì, la settimana prossima è meglio. Oppure provi a fine mese.

Provi?

Ha portato i soldi?

Quali soldi?

Se non ha i soldi non posso rilasciarle il documento.

Non sapevo di dover pagare.

Lei torni con i soldi e vedrà che risolviamo.

(Torna con i soldi)

Ecco, ora siamo a posto?

Chi le ha compilato questo documento? Non va bene, bisogna rifarlo.

Come bisogna rifarlo?

Un supplizio. E come al solito io dall'Italia potevo fare pochissimo se non scrivere lettere di sollecito. Roba tipo questa:

Ieri, mia moglie si è recata presso i vostri uffici per legalizzare tutti i documenti relativi al ricongiungimento.

Purtroppo le è stato detto che mancava un timbro del ministero degli Esteri dell'Afghanistan. Il suddetto ministero però, dopo aver ricontrollato i documenti, ha confermato la regolarità e negato l'assenza del timbro che voi, invece, affermate essere necessario. Chiedo dunque che questo mio scritto possa pervenire alla cortese attenzione del funzionario che dovrebbe occuparsi della legalizzazione e del rilascio del visto e che vengano ricontrollati i documenti rilasciati dal ministero degli Esteri e ritenuti validi, in virtù del fatto che il ministero li considera tali e non necessari di ulteriori timbri. Mi permetto di sollecitare questa richiesta in virtù della preoccupazione che sento quotidianamente per la vita di mia moglie. Vista la situazione di insicurezza e il continuo timore di persecuzione, chiedo inoltre la possibilità di delegare in sua vece il signor tal dei tali nel momento in cui si renda necessario presentarsi previo appuntamento presso i vostri uffici per la suddetta richiesta. Ringrazio infinitamente chiunque dopo aver letto questa lettera possa intercedere in mio favore e permettere a mia moglie di raggiungermi.

Alla fine Fazila era *khasta kofta*, ossia stanca come una polpetta, ma non ha desistito: accompagnata passo passo dal fratello, ha impiegato un anno a raccogliere i documenti necessari a sottoporre all'ambasciata italiana a Teheran la richiesta di visto per ricongiungimento familiare, richiesta che peraltro andava sottoposta di persona: quindi ora bisognava andare in Iran.

Ricordo il giorno che mi ha chiamato per dirmi che li aveva, che aveva i documenti: tutti! Era a Kabul. Aveva passato l'intera giornata a litigare con un funzionario del ministero. Le tremava la voce: Ora torno a Nava, ha detto, mi organizzo e appena riesco mi metto in viaggio. Era il dodici novembre del 2018. La mattina dopo una macchina la aspettava per riportarla nell'Hazarajat. Ma quella notte, mentre dormiva serena, certa che il peggio fosse passato, lo squillo nervoso del telefono ha fatto balzare lei e il fratello fuori dalle coperte.

Era la madre. Li chiamava per avvisarli che i talebani avevano sferrato un attacco violento nella zona di Nava. Non potevano tornare, anzi, non dovevano. Che aspettassero a Kabul. Li avrebbe informati sull'evolversi della situazione. Fazila ha chiamato per dirmelo. In Italia era da poco passata la mezzanotte. Era in lacrime, in ansia per i genitori. Da settimane la regione era in allerta, ma non tanto per i talebani, piuttosto per Daesh, che in quella zona stava crescendo sotto traccia, come un tumore, con ostinazione. La mattina, quando hanno provato a richiamarli, non sono riusciti a prendere la linea. Avevano fatto esplodere i ripetitori? Per molti giorni Fazila e il fratello non hanno più saputo nulla della famiglia. Sono rimasti a Kabul. Ci sentivamo spesso. Ogni tanto mi sembrava furiosa, altre volte rassegnata: Perché è tutto così dannatamente complicato?

C'è qualcosa di peggio dell'impotenza? Be', forse sì, certo. Ma io ancora una volta, come già con mia madre, ero straziato dalla sensazione di essere completamente inutile. Navigavo in rete come un ossesso in cerca di notizie. Un articolo del «New York Times», scritto dall'inviato Rod Nordland il giorno successivo all'attacco che aveva costretto Fazila e suo fratello a restare a Kabul, descriveva gli avvenimenti con una certa accuratezza. Era intitolato: *I talebani massacrano le truppe d'élite afghane e occupano un distretto sicuro.* Nonostante il mio inglese malconcio ho cercato di cavare fuori dalle parole ogni informazione possibile.

Sapevo già che per truppe d'élite s'intendono i soldati addestrati dagli Stati Uniti. Squadre speciali che combattono contro i terroristi cercando di mettere una pezza ai fallimenti dell'esercito e della polizia, entrambi martoriati dalle defezioni e da una rete di comando inefficiente. Dopo il ritiro di parte delle truppe americane dall'Afghanistan, in alcune province, soprattutto quelle meridionali e orientali, i talebani erano riusciti a sovrastare le unità dell'esercito afghano. Si era molto parlato, ad esempio, di quando avevano preso il controllo di Kunduz, una delle città più grandi della nazione: nei bombardamenti era stato coinvolto anche un ospedale di Medici senza Frontiere; in ventidue, tra pazienti, infermieri, dottori, avevano perso la vita, molti altri erano rimasi feriti in modo grave. Nel giro di qualche giorno, però, le truppe d'élite erano riuscite a riconquistare la città. La voce che girava era che senza di loro l'Afghanistan era spacciato.

Il dodici novembre, mentre Fazila terminava la sua odissea nel labirinto della burocrazia afghana, numerosi pick-up erano entrati nel complesso governativo di Sang-e-Masha, la capitale del distretto di Jaghori, nella provincia di Ghazni, per raggiungere il retro degli uffici e scaricare i morti lontano dalla vista della popolazione. I soldati, in lacrime, avevano deposto i corpi dei compagni uno accanto all'altro, su lenzuola stese a terra. Quattro giorni prima, quegli uomini erano stati trasportati in aereo in soccorso di quello che, fino a quel momento, era considerato il distretto rurale più sicuro dell'Afghanistan: Jaghori. Ma la loro compagnia, una cinquantina di soldati, era stata spazzata via dai talebani. Il distretto era a un passo dal cadere nelle mani dei fondamentalisti.

Nell'articolo scritto per il «New York Times», Nordland raccontava che lui e gli altri giornalisti avevano raggiunto Sang-e-Masha convinti di testimoniare l'efficace, orgogliosa resistenza del governo afghano contro i ribelli, ma che invece si erano trovati di fronte a soldati confusi in attesa di ordini e a funzionari governativi incerti su come fuggire da un'area quasi interamente circondata dai fondamentalisti.

Il distretto di Jaghori è abitato soprattutto da contadini e piccoli allevatori. È un territorio senza strade asfaltate o linee elettriche, con terrazzamenti coltivati a grano; ovunque meli e mandorli. Molte persone, come riportato nell'articolo, affermavano di non ricordare l'ultima volta che c'era stato un omicidio o una rapina grave. I dati sulla scolarizzazione sono tra i migliori del paese: tanto le ragazze quanto i ragazzi frequentano la scuola con assiduità. A livello nazionale meno di un quarto delle ragazze finisce le superiori. Non per nulla alcune delle donne più in vista dell'Afghanistan provengono da Jaghori, nei cui centri abitati è comune incontrare ragazze in bicicletta, o persino alla guida di un'auto.

L'articolo proseguiva spiegando come l'area fosse ora logorata dalla presenza dei talebani che controllavano le strade principali, isolandola dal resto del Paese. Da non molto era stata allestita una piccola pista di atterraggio, ma il servizio aereo di linea doveva ancora iniziare, e per uscire dal distretto era necessario, di solito, affidarsi a trafficanti e autisti che percorrevano in auto sgangherate strade secondarie. Visti i pericoli, il costo per persona, che normalmente si aggirava attorno a una cinquantina di dollari, era aumentato a trecentocinquanta.

La delegazione cerca di fare funzionare i telefoni per mettersi in contatto con Kabul, scrive Nordland, *ma gli insorti hanno fatto saltare in aria i ripetitori di due compagnie. Solo un terzo operatore lavora ancora, a intermittenza.*

Era ciò che mi aveva raccontato Fazila.

La faccenda era andata avanti per giorni. A causa del perdurare dell'emergenza, lei e il fratello avevano deciso di andare direttamente a Kandahar, senza passare da casa, per farsi fare il visto per l'Iran. È stato a quel punto che ho preso una decisione: in Iran dovevo andarci anch'io. Primo, perché non riuscivo più ad aspettare di rivederla. Secondo perché, fossero sorti nuovi problemi, volevo essere presente. Non avrei accettato di ripartire senza di lei.

15.

Diciassette anni dopo aver lavorato nel cantiere alla periferia sud di Esfahan dove avevo visto, nello schermo di un vecchio televisore, gli aerei schiantarsi contro le torri gemelle del World Trade Center. Sedici anni dopo la paura di finire a Telisia o a Sang Safid, due famigerati centri di permanenza temporanea che in realtà erano due campi di concentramento. Quindici anni dopo aver detto addio a Sufi, il mio migliore amico: lui diretto a Teheran, in cerca di un nuovo lavoro, e io in Turchia, e poi in Grecia, e poi in Italia, in cerca di un futuro differente che, incredibilmente, era lì ad attendermi – come a dire che non sempre, ma a volte sì, chi cerca trova.

Insomma, dopo tutto quel tempo, eccomi qui. Di nuovo in Iran.

Questa volta, per fortuna, ottenere il visto non era stato complicato. All'aeroporto di Teheran-Imam Khomeini sono venuti a prendermi Fazila e suo fratello, arrivati il giorno prima. Quando l'ho vista ho dovuto stringere i denti per evitare di sfilarmi gli spallacci dello zaino, gettarlo a terra e correrle incontro per baciarla e abbracciarla. Non si poteva. In Iran anche un solo abbraccio affettuoso rischia di offendere qualcuno che magari pensa che dimostrare in pubblico di amare una persona sia tipo contro il volere di Dio. E allora niente. Non mi sono sfilato gli spallacci dello zaino, non l'ho gettato a terra; soltanto, le sono andato incontro camminando piano per non far esplodere quella specie di bomba che avevo nello stomaco; mi sono contenuto e ho cercato di concentrare tutto il mio amore negli occhi e nel sorriso. Ci siamo fermati a dieci centimetri, abbastanza da sentire ciascuno il calore del corpo dell'altro: nessun totalitarismo, né laico né religioso, sarà mai in grado di trasformare in reato quella radiazione.

Siamo usciti all'aperto. Avevamo talmente tante cose da dirci. Suo fratello è stato gentile, ci ha lasciato parlare come se non ci fosse. Finché, ricordo, mentre chiacchieravamo, camminando lungo la strada trafficata che ci avrebbe condotto a casa di una loro cugina, i muezzin, d'un tratto, hanno invaso le strade con l'*azan*, il richiamo salmodiato, recitato secondo la tradizione sciita:

Allahu Akbar, Dio è grande.
Ašhadu an la ilah illa Allah, attesto che non c'è altro dio all'infuori di Dio.
Ašhadu anna Muhammad Rasul Allah, attesto che Maometto è il messaggero di Dio.
Hayya 'ala al-salat, affrettatevi alla preghiera.
Hayya 'ala al-salat, affrettatevi alla felicità.
Hayya 'ala khayr al-'aamal, affrettatevi a compiere l'azione migliore.
Allahu Akbar, Dio è grande.
La ilah illa Allah, non c'è altro dio all'infuori di Dio.

Ciò che non mi aspettavo è che dopo il richiamo la voce iniziasse a insultare l'America e Israele, così, dal nulla. E invece è ciò che è capitato. A sentire quella voce maledire gli americani eccetera, tutti hanno rallentato il passo: le vecchiette, i giovani, persino i gatti hanno atteso di saltare giù dai rami, sembrava che l'aria fosse stata sostituita da una specie di melassa densa, una poltiglia appiccicosa. Fino al silenzio, giunto come un risucchio. Una pausa per inalare ossigeno, riprendere a respirare, e di botto la vita è tornata a scorrere alla velocità normale, macchine, rumori.

Ma avete sentito? ho detto.

Il fratello di Fazila ha fatto segno con gli occhi di non fare commenti, soprattutto non ad alta voce.

Il marito della cugina lavorava come portinaio in un palazzo. Lui e la moglie c'hanno accolti come fossimo chissà chi. Forse questa cosa che io venivo dall'Italia gli aveva fatto impressione, non saprei. Gente simpatica, solo con quella vocazione tipica di alcuni miei conterranei a essere accoglienti tanto da diventare soffocanti. Mentre ci ingozzavano di tè e biscotti, hanno cominciato a dire che dovevamo fermarci a cena e anche a dormire. Gentili per carità, niente da dire; non voglio fare la parte dell'ingrato. Ma la casa era piccola e io e Fazila, insomma, non ci vedevamo da un anno: ci avrebbe fatto piacere un po' di intimità.

Ho cercato di mettere le mani avanti: No, grazie, davvero, non c'è bisogno.

Insisto, diceva il marito.

Non è il caso, dicevo io.

Insisto, ripeteva lui.

Anche no, ribattevo io. Ho detto: Ascolta, torniamo

presto a trovarvi, promesso. Ora però ci cerchiamo un posto per noi, tranquillo, anche per i prossimi giorni.

No, ha ribattuto il marito. Ho chiesto al mio principale se potevo ospitarvi per una settimana e lui ha risposto che una settimana no, ma una sera andava bene, quindi stasera va bene, potete stare qui.

Ho pensato: Oh, ma questo è proprio duro di testa. Vedi, ho detto, tu hai proposto una settimana e lui ti ha detto una sera. È chiaro, no?

Cosa?

Che non è d'accordo.

Ma niente, insisteva, e a un certo punto ha pure chiuso la porta a chiave per impedirci di uscire. Roba da pazzi: non c'era discussione. La prima sera in Iran è andata così. Io e Fazila abbiamo per lo meno dormito abbracciati.

Il giorno dopo siamo andati all'ambasciata italiana, ma senza neppure farci entrare, al citofono, ci hanno informato che per le pratiche come la nostra dovevamo recarci in consolato, e così abbiamo fatto. Abbiamo preso appuntamento.

In consolato, superati i controlli, ci ha accolti una signora iraniana dall'aria compiaciuta. L'ho salutata. Lei ha risposto arricciando il naso come se mi puzzassero le ascelle – cosa che non era vera. Ho spiegato la situazione. Ho mostrato i miei documenti italiani e quelli di Fazila, recuperati a fatica in Afghanistan, tra cui il certificato di matrimonio e tutto quanto. Mentre parlavo, la donna annuiva composta, scorreva i fogli e si soffermava su certe informazioni particolari, quelle più sensibili, con la punta del dito; aveva le unghie mangiucchiate. Stava ancora leggendo, con una lentezza estenuante, quando ho chiesto se, per favore, sapeva dirmi quanto tempo avremmo impiegato a ottenere il visto.

Lei senza alzare gli occhi ha detto: Avete fretta?

L'urgenza che si può avere nel voler cominciare una nuova vita, ho risposto.

Ha bofonchiato qualcosa sui pericoli che la gente si inventava per scappare. Forse pensava di non farsi sentire, o al contrario voleva insinuarsi nei nostri pensieri. Io ero sfiancato da quel tipo di persona. Da chi si mette di traverso senza motivo. Da chi non capisce che avere un potere non significa doverlo usare. Fazila era al mio fianco. Il silenzio carico di tensione. Memore di com'erano andate le cose in Italia quando ero stato esaminato dalla commissione che avrebbe stabilito se concedermi il permesso di soggiorno come rifugiato politico, ecco, come in quel caso mi ero portato dietro degli articoli di giornale, tra cui quello del «New York Times» in cui si descriveva l'attacco nel distretto di Jaghori. Gliel'ho mostrato.

Oh, avete sempre tutti qualche problema, ha risposto.

Mi è sembrata un'affermazione così estemporanea che non ho saputo ribattere. Ho solo detto: C'è una guerra.

Ha di nuovo arricciato il naso: In ogni caso, non so quanto ci vuole. Ha spinto i fogli verso di me attraverso la scrivania, come fossero carta straccia nonostante tutti i timbri preziosi. Sono pratiche lunghe, ha detto. In ogni caso, i documenti sono in ordine. Lasciateli e sarete contattati.

La parola "lunghe" è arrivata come lo stridio dei freni prima dello schianto. Sono venuto apposta dall'Italia, ho detto. Ho preso ferie e tra non molto dovrò tornare al lavoro. E non ho intenzione di ripartire senza mia moglie. Sentivo le parole ribollirmi in bocca, ho temuto mi uscisse il vapore dal naso. Ho scritto una lettera, ho detto, posso...
Una lettera?
Sì, racconto la storia meglio di come posso raccontarla a voce. C'è qualcuno a cui...
Non servono le lettere. Se i documenti sono a posto avrete il visto, altrimenti no. Accanto al braccio aveva un bicchiere con del tè, lo ha scrutato come per leggerne i fondi. Ho chiesto se potevo parlare con un responsabile. Intendevo qualcuno più importante di lei, ma questo non l'ho detto.
Non ha risposto.
Accanto all'ingresso ho visto un carabiniere. Era alto, con gli occhi scuri incorniciati da sopracciglia enormi, occhiaie profonde. Senza chiedere il permesso mi sono avvicinato, presentato, ho chiesto se per favore potevo rubargli qualche minuto. Mi ha guardato fisso come per decidere. Ho tirato fuori una copia di *Nel mare ci sono i coccodrilli* che mi ero portato dietro e che alla donna non avevo mostrato, l'avrebbe solo indispettita. La lettera che avevo con me non l'avevo scritta per loro, ma per i funzionari di Kabul, in un momento in cui Fazila stava faticando a riceve uno dei molti timbri. Ho chiesto al carabiniere se aveva tempo di ascoltarmi.
Mentre Fazila osservava, oltre i vetri della finestra, gli uccelli fare le capriole tra gli alberi del cortile, ho letto,

cercando di pronunciare bene le parole. Il carabiniere mi ha ascoltato, gentile e professionale, senza distrarsi; solo, di tanto in tanto, aggrottando la fronte.

Alla cortese attenzione dei funzionari dell'ambasciata italiana.
Mi chiamo Enaiatollah Akbari, sono nato a Ghazni ma vivo a Torino dal 2004, in Italia, dove sono stato accolto e ho avuto la possibilità di studiare. Mi sono impegnato a non sprecarla, quella possibilità. Già dal primo anno della scuola superiore, fino alla laurea, sono stato uno studente lavoratore. Due anni fa mi sono laureato in Diritto internazionale della cooperazione e dello sviluppo. Nel 2010, insieme a uno scrittore, ho raccontato la mia storia. Sono contento perché quel libro ha raggiunto molte persone, ragazzi e adulti, contribuendo a far conoscere i problemi politici e religiosi del popolo afghano. Ho persino incontrato il Presidente della Repubblica Giorgio Napolitano. Da rifugiato politico non ho il permesso di tornare in Afghanistan. Da marito, sto cercando da oltre un anno di legalizzare i documenti che permetterebbero a mia moglie di raggiungermi.
Mia moglie, Fazila, ha vissuto a Ghazni da quando è nata. Purtroppo i recenti attacchi dei talebani, l'instabilità e l'insicurezza della regione e le possibili ritorsioni derivate dal libro e dal mio schierarmi contro il fondamentalismo religioso non le permettono di condurre una vita sicura. È necessario che mi raggiunga in Italia il prima possibile. Vorrei dunque rimettermi alla vostra benevolenza e vi chiedo, col cuore in mano, se è possibile fare qualcosa per velocizzare le pratiche.

Mi sono fermato. Il resto non pensavo fosse di suo interesse, erano dettagli.

Ecco, ho detto.

Il carabiniere ha annuito e mi ha chiesto di attendere, doveva fare delle verifiche. Quando è tornato, con lui c'era una signora italiana, una funzionaria – aveva un bel sorriso. Ha detto che non sapeva, a Kabul, quanto avrebbero impiegato ad approvare il visto. Perché ora funzionava così: lei avrebbe mandato tutto a Kabul, a quegli uffici cui Fazila non aveva avuto accesso diretto per motivi di sicurezza, ma che comunque continuavano a essere operativi, e a quel punto sarebbe toccato a loro comunicare a Teheran l'avvenuta approvazione. Ha detto che però li avrebbe sollecitati. Le spiaceva non saperci dire una data sicura per il rilascio, ma era abbastanza certa che la pratica sarebbe stata approvata.

Abbastanza? ho detto.

Non si può mai essere sicuri di nulla, ha risposto.

Insomma, si trattava di pazientare. Li abbiamo ringraziati per il lavoro e anche per il tono della voce, che certe volte il tono della voce conta quasi come ciò che ti viene detto. Ho sorriso al carabiniere dagli occhi profondi e ho lasciato il numero di telefono, così che potessero chiamarmi quando avrebbero avuto notizie.

Che fare? Abbiamo deciso di approfittarne. Eravamo in Iran. Eravamo noi tre: Fazila, io e suo fratello. Avevamo parenti e amici in diverse città. L'Iran è una nazione meravigliosa. Abbiamo pensato che avremmo potuto andarcene un po' in giro. Una specie di vacanza.

Mi è venuta una gran voglia di tornare a Esfahān, dove avevo lavorato, dove abitava uno dei miei zii – quello che era stato con mia madre nel campo profughi – e dove anche Fazila aveva dei cugini. Abbiamo affittato una casa lì, per un paio di settimane. È stato strano: una specie di tempo sospeso, trascorso a non pensare a cosa sarebbe successo se le avessero rifiutato il visto, ma anche a fare le prove di una vita di coppia tutta da esplorare.

Abbiamo girato Esfahān in lungo e in largo. Abbiamo visitato a visitato la Masjid-e Shāh che sorge sul lato sud dell'immensa, sfavillante piazza Naqsh-e jahān; il Si-o-se Pol, il ponte dei trentatré archi, costruito dai Safavidi nel diciassettesimo secolo; il palazzo Ali Qapu, la vecchia residenza dello Scià. Posti che, quando ero un ragazzino che mescolava malta sotto gli occhi di *kaka* Hamid, manco sapevo esistessero.

Ma il tempo passava e dal consolato nessuna notizia. A me stava per scadere il visto. Ho pensato fosse prudente rinnovarlo. Sono andato a cercare un ufficio preposto. Ma lì, ancora una volta, sono finito tra le grinfie di un funzionario frustrato; a quel punto ho pensato che o li beccavo tutti io oppure erano proprio tanti. L'ufficio era una bolgia, niente file, tutti ammucchiati a sbraitare. Ho deciso di giocare la carta della cerimoniosità, che spesso con quel tipo di persone funziona, perché hanno bisogno di essere lusingate.

Raggiunto il tavolo dietro cui era seduto uno spilungone barbuto con molti anelli alle dita l'ho salutato nel mio farsi migliore. Ho spiegato la situazione, ero in attesa che mi chiamassero dal consolato, e ho chiesto se era possibile prolungare il visto di un mese. Che speravo bastasse. E poi chissà.

Lo spilungone barbuto mi ha lasciato finire, poi ha detto: Così abiti in Italia?

Sì.

Parlami in italiano.

Cosa?

Di' qualcosa in italiano.

Questa cosa mi ha fatto ridere. Ho risposto: Tu non lo parli, come fai a capire se sto parlando italiano?

E lui: Non importa, dimmi qualcosa.

Cosa vuoi che dica?

Dimmi che desideri acquistare una macchina nuova.

Devo dirti in italiano che voglio acquistare una macchina nuova?

Sì.

Buongiorno, vorrei acquistare una macchina nuova.

Ora una ricetta.

Che ricetta?

Quella che vuoi. Mi piace il cibo italiano.

Ora, so che dovevo mantenere la calma e fare finta di niente, ma a volte è più facile essere pazienti con i gradassi che con gli idioti. Ho risposto che ero un pessimo cuoco e se poteva darmi l'informazione che mi serviva, grazie, altrimenti mi indicasse a chi chiedere.

Lui, come non avessi parlato, ha detto: Sei andato allo stadio?

Scusa?

Sei mai andato allo stadio? Lo conosci Francesco Totti? Fammi un coro, uno di quelli che gli italiani urlano allo

stadio. E l'ha fatto, ha pure battuto le mani, tipo: *tum tum ta! tum tum ta! tum tum ta!*
	A quel punto ho girato sui tacchi e me ne sono andato.

Io e Fazila ci siamo presi ancora due giorni per visitare Shiraz, famosa per essere la città dei poeti e del vino; ora i primi sono morti e il secondo è vietato dal 1979, ma restano comunque i giardini che, se vai nella stagione giusta e li trovi in fiore, sono belli da uscirne ubriaco. Fazila ha anche deciso di fare acquisti per la casa di Torino: tappeti, cuscini, stoffe. Le avevo mostrato delle foto di com'era e lei si era sentita spersa: così italiana, così occidentale, e io per rasserenarla avevo detto che poteva fare tutti i cambiamenti che voleva, arredarla in un altro modo. Non l'avessi mai fatto. Sei valigie di roba, ha riempito – sei.
	Una settimana prima della scadenza del visto sono tornato nell'ufficio dello spilungone che insisteva perché parlassi in italiano. L'ho visto. L'ho evitato. Alla fine della solita cagnara ho raggiunto un collega, praticamente surfando sulla folla e atterrandogli sulla scrivania. Mi ha trattato con maggiore professionalità, ma la risposta è stata che non erano autorizzati a prolungarmi il visto. Dovevo andare a chiedere a Teheran, agli uffici centrali.
	Così io, Fazila e suo fratello abbiamo salutato zii e cugini e siamo tornati a Teheran. Ma negli uffici centrali, con garbo, hanno detto che no: non potevo ottenere un rinnovo. Ho discusso. Ho sbraitato. Li ho implorati. Niente, non c'è stato modo. Tre giorni dopo sarei dovuto salire sull'aereo e tornarmene indietro ed era meglio che lo facessi, che non mi venisse in mente di fermarmi senza permesso.

Siamo tornati in ambasciata, dal carabiniere con gli occhi scuri e dalla donna con il sorriso simpatico, ma del visto per Fazila nessuna notizia. Non c'era altro che potessi fare. Mi sentivo ben più che *khasta kofta*: piuttosto come un sacco da boxe dopo una giornata passata a farsi prendere a pugni da un gigante. Dovevo tornarmene in Italia. Da solo. Accettare ciò che avevo detto non avrei accettato.

Fazila sarebbe rimasta in Iran con il fratello in attesa del visto.

Ero furibondo, ma potevo solo ubbidire.

Due mesi dopo è scaduto pure il visto di Fazila. Anche lei doveva andarsene e rientrare in Afghanistan. Non ci potevo credere. Come se non bastasse, rientrare a Nava era impossibile perché tra le mine dei talebani e certe grandi nevicate le strade erano impraticabili. Così lei e il fratello sono andati prima a Herat, dalla sorella, e poi solo dopo tre settimane sono riusciti a raggiungere Nava.

Dopo tutta quella fatica, eravamo al punto di partenza.

16.

Io, nel frattempo, per spruzzare via il malessere, come i cani che si scuotono per asciugarsi, non riuscivo a stare fermo e ho preso una decisione importante: avrei chiesto la cittadinanza italiana.

Non l'avevo ancora fatto, nonostante avessi le carte in regola dal secondo anno di università. Per diversi motivi era un passo su cui volevo darmi ancora del tempo per ragionare. Ciò che mi frenava era che il mio sogno era sempre stato tornare in Afghanistan, e possibilmente impegnarmi in politica. Sapevo anche che gli afghani non amano i politici con la doppia cittadinanza. Capita spesso. Arrivano dall'estero, dove abitano, dove hanno interessi economici, e si candidano solo per facilitarsi gli affari. Non volevo essere confuso con quella gente. Se il destino mi avesse concesso di rientrare e di impegnarmi nella società civile, di diventare un attivista per difendere l'istruzione pubblica, gratuita e di qualità, ecco, non volevo che si pensasse che avevo altri fini.

Ma con l'arrivo di Fazila il mio primo dovere era prendermi cura di lei, e non solo. Vivevo in Italia. Mia moglie mi avrebbe raggiunto in Italia. Speravamo di avere dei figli che con tutta probabilità sarebbero nati in Italia. Non volevo nascessero stranieri. Da genitori afghani, qui, dove si prevede che la cittadinanza sia trasmessa secondo il principio dello *ius sanguinis*. Non volevo obbligarli a vivere da stranieri nel Paese in cui sarebbero cresciuti. Italiani stranieri in Italia. Stranieri a loro stessi. Per diciotto anni.

Quando durante l'inaugurazione dell'anno scolastico 2012, al Quirinale, avevo incontrato il Presidente della Repubblica Giorgio Napolitano, lui, stringendomi la mano alla fine del mio intervento, aveva detto: Akbari, si ricordi che lei è *già* italiano. Perché io così mi sentivo. Ma purtroppo non basta quello. Non funziona così, anche se così dovrebbe funzionare.

Non basta volerlo. O *sentirsi*.

Da quando io e Fazila ci eravamo lasciati a Teheran sono trascorsi tre mesi. A metà aprile ho ricevuto una telefonata dal consolato: il visto era pronto. Fazila poteva finalmente tornare in Iran, ritirarlo e da lì partire per l'Italia. Così ha fatto.

E una volta tanto il destino non si è messo di traverso. Sono andato a prenderla a Malpensa una gloriosa mattina di maggio, di quelle che sembra che il mondo sappia chi sei, che conosca la tua felicità e faccia di tutto per fartelo capire e muoversi a tempo. Quando l'ho vista sbucare oltre le porte scorrevoli degli arrivi mi ha fatto impressione. Mi è sembrata così piccola, e sperduta, lo sguardo gonfio di stupore. Fazila ha otto anni meno di me. Ha una grande esperienza di eventi che nessuno dovrebbe sperimentare e poca conoscenza dei mondi oltre i confini del suo. Gli occhi si muovevano come non riuscissero a stare dietro ai pensieri. Non eravamo a Teheran, questa volta, e quindi appena ci siamo visti ci siamo abbracciati e siamo rimasti immobili e abbracciati per un tempo lunghissimo, con la folla che ci sfiorava e le voci e le risate e l'odore del caffè e delle brioche riscaldate nei microonde delle caffetterie.

Sei qui, le ho sussurrato in un orecchio.

Sono qui, ha risposto lei.

La prima cosa che abbiamo fatto, a Torino, è stato andare in giro per la città. Volevo mostrarle ogni quisquilia, ogni angolino che in qualche modo mi apparteneva, l'università, una piazza particolare, il Po, i Murazzi, la collina. Per qualche giorno l'ho portata in giro sul portapacchi della bicicletta; mi piaceva vedere le sue gambe spuntare da dietro di me e sentire le sue mani sulla pancia. Era la conferma che era vera, che era successo davvero. Poi abbiamo comprato una bici anche per lei. È durata un paio di mesi.

Un giorno Fazila è entrata in casa dicendo: La bici non c'è più.

Come non c'è più?

L'ho lasciata in cortile.

E non c'è?

No.

Sono andato ad affacciarmi dal balcone: Ma dov'era?

Fazila ha indicato dove l'aveva messa.

E il lucchetto e la catena?

Via con la bici.

Strano.

Perché?

Di solito li lasciano a terra.

E perché?

Be', dopo che li hanno spaccati con la tronchesina non ci fanno molto, non credi?

Fazila mi ha guardato senza capire.

Non era granché, quel lucchetto, ma è strano, la mia non l'hanno mai presa e la lascio in cortile da anni. La lego sempre nello stesso posto.

Forse avrei dovuto farlo anch'io.

Cosa?

Legarla.

L'ho studiata come dovessi tradurre una scritta in un urdu: Non era legata?

No.

Fazila... ma certo che devi legarla.

Ma è il cortile del nostro palazzo. Una bici vecchia.

Be', non così vecchia, sai?

Le ho sorriso e l'ho stretta forte. Era dispiaciuta. Il problema è che era convinta che l'Italia fosse un Paese in cui tutti stanno bene, al punto che se qualcuno ha bisogno di qualcosa va e se la compra, mica la ruba agli altri. Kabul, sì, era una città, dove magari ti bloccavano per strada con le pistole per rapinarti. Torino, nel suo immaginario, era un luogo con una purezza intrisa di benessere. Questa sua ingenuità mi commuoveva. Tempo dopo è successo di nuovo. Non c'ha pensato, è scesa dalla bici, l'ha appoggiata contro un muro e quando è tornata non c'era più. Ora ne abbiamo comprata una terza. È tanto brutta e scassata che siamo ragionevolmente certi che nessuno gliela ruberà.

Con lo stesso spirito, i primi tempi, Fazila, lasciava aperta la porta di casa. Perché le persone, soprattutto quelle che abitavano sul nostro pianerottolo, sapessero che erano le benvenute, in ogni momento. Ho dovuto dirle che non era il caso. Mi rimproverava perché non invitavamo mai i condòmini a cena. Le ho spiegato che non funziona così. Ha detto che nell'Hazarajat, in un palazzo grande come il nostro, si sarebbero organizzate delle cene a turno: una sera a casa di uno e una a casa di un altro. Le ho detto che prima o poi l'avremmo organizzata questa cosa, gliel'ho promesso: una festa dei vicini.

A Fazila piace il verde e la natura. Ama i parchi. Andiamo spesso in quello del Meisino in bicicletta, alla confluenza tra il Po e la Stura di Lanzo. Per farle una sorpresa e anche per farle conoscere la comunità afghana torinese, per il suo arrivo abbiamo organizzato una festa in montagna nelle valli di Lanzo, a un'ora e mezza di auto dalla città. Ci siamo accampati attorno al lago di Malciaussia, uno specchio d'acqua artificiale creato a seguito della costruzione di una diga all'inizio del Novecento. La vecchia frazione ora è in fondo al lago. È un posto che adoro. *Mal ciaussia* nel patois locale significa *mal calzati*, è facile che si riferisca alla scarsa qualità delle calzature indossate da chi accompagnava il bestiame al pascolo, e io, insomma, di montagne e di calzature di scarsa qualità ne so qualcosa.

Siamo andati su un fine settimana, con gli amici afghani. Ci siamo divisi la spesa: carne, verdura, vino. Qualcuno ha portato il necessario per cucinare. Abbiamo fatto una grigliata. Abbiamo ascoltato musica, ballato e riso. Dormito nelle tende. Il giorno dopo abbiamo fatto una passeggiata fino a un altro lago, il lago Nero. Negli ultimi anni le famiglie afghane a Torino sono aumentate e noi ne frequentiamo alcune: si sta formando una bella comunità. Ci si supporta in caso di bisogno, si mantengono in vita alcune tradizioni, parliamo la nostra lingua. Quando siamo insieme ci sentiamo afghani, discutiamo di quanto accade a Kabul o nell'Hazarajat, ma nella vita di tutti i giorni, al lavoro o che so io chi è qui da tempo si percepisce come italiano o afghano-italiano, così come uno può essere afro-italiano o altro ancora. Perché una identità non esclude l'altra. Non bisogna scegliere, ma farle convivere.

Quando arriva qualcuno di nuovo, la comunità afghana si impegna per accoglierlo nel migliore dei modi e se è necessario interviene per aiutarlo ad ambientarsi; ci dividiamo gli acquisti per la casa, piatti, bicchieri, sedie. Fazila e io abbiamo da poco ospitato una famiglia, padre, madre e una bimba di due anni, in attesa che trovassero un appartamento in affitto che facesse al caso loro. C'è poi, tra i nuovi arrivati, una certa competizione per apprendere la lingua italiana il prima e il meglio possibile. Si consigliano le scuole. Si scambiano parole e modi di dire. E se uno migliora in modo significativo prima degli altri, questo diventa uno stimolo per chi è rimasto indietro. Non crediate sia tutto margherite e grigliate, anche tra di noi si litiga; anche tra di noi c'è chi fatica. Ma siamo qui. Siamo insieme. Facciamo del nostro meglio.

Ad esempio, io faccio del mio meglio per tenere Fazila lontana dalla pizzeria vicino casa. Il fatto, ecco, è che ha scoperto che fanno una focaccia che si chiama *Rosa*, farcita con olive, pomodorini, rucola e olio crudo che la fa letteralmente sbiellare. All'inizio non lo amava molto, l'olio, perché lo trovava troppo saporito; ora non riesce più a farne a meno. Se usciamo all'ora di cena cerco strade alternative che non ci facciano passare davanti dalla pizzeria, se no finisce che mi ci trascina. Funziona così con Fazila, amato amore mio; quando ha scoperto la piadina abbiamo mangiato piadine per settimane.

Lei sta imparando l'italiano e vorrebbe che io, a casa, le parlassi in italiano, ma io invece adoro sentirla parlare afghano. Adoro il suono della sua voce e, dopo tutti questi anni, volete mettere entrare in casa, qualsiasi cosa questa parola meravigliosa voglia dire, e sentir parlare la tua lingua madre? Mi piace da morire. Quindi, se lei è indietro rispetto a quanto potrebbe essere, temo sia colpa mia. Però la sera e nel fine settimana facciamo esercizio insieme. Ora abbiamo anche scritto su un cartellone, appeso in cucina, i nomi di tutti gli utensili. Stessa cosa in camera da letto, in corridoio e in bagno. Per migliorare il lessico. Il prossimo passaggio saranno i verbi: troveremo un modo per giocarci sopra.

Inshallah, è una parola che Fazila usa spesso; mi piace. Nel salto di gioia che ha fatto fare alla mia vita, Fazila mi sta instillando anche questo atteggiamento, tipo: ma sì, in fondo non siamo padroni di ogni singola svolta della nostra vita, di ogni evento che ci sfiora o che ci travolge. *Inshallah. Hakuna Matata.* Diamoci dentro ma con leggerezza; non arrovelliamoci troppo. La vita è faticosa e buffa, a volte misteriosamente bella. Ma in ogni caso è ora – ed è qui.

La nostra casa non è più colorata come vi ho raccontato: ora è bianca. Ci sono ovunque i tappeti iraniani comprati da Fazila e certi cuscini che di solito si trovano nelle case dalle nostre parti. È una casa diversa e io ci sto bene anche meglio di prima. Succede questo, succede che appena mi sveglio vado in cucina, preparo il tè e mi metto seduto a sorseggiarlo davanti alla portafinestra. Due o tre tazze di solito: sono un grande bevitore di tè. D'autunno e d'inverno mi piace berlo bollente. Il calore della tazza tra le mani e quello del liquido nello stomaco scaldano i miei mondi interiori così come la luce del giorno che sta nascendo scalderà il cortile e, oltre il cortile, un palazzo ristrutturato anni fa e subito abbandonato, e oltre il palazzo la città e oltre la città il pianeta intero, viaggiando ostinatamente da est verso ovest, la stessa direzione mia, per poi ripiombare al punto di partenza.

Andata e ritorno, attorno a un mondo di cui, ne sono convinto, dobbiamo prenderci cura collettivamente. Attorno alle storie di ciascuno: padri, madri, figli. Alle vite straziate da guerre o carestie, da sogni che si seccano come erba e che il vento della diseguaglianza sociale ed economica sradica e sparpaglia. Ciascuno cresce solo se sognato, diceva un educatore italiano, Danilo Dolci. Io ho la fortuna di essere entrato nell'immaginario di molti. A mia volta cercherò di sognare gli altri. E chissà che al termine di una lunga notte il giorno non ci permetta di conservare traccia di quella speranza, e di avere l'audacia di trascinarla nella realtà.

SOMMARIO

11	Capitolo 00
19	Capitolo 01
25	Capitolo 02
37	Capitolo 03
49	Capitolo 04
67	Capitolo 05
73	Capitolo 06
83	Capitolo 07
91	Capitolo 08
103	Capitolo 09
115	Capitolo 10
125	Capitolo 11
135	Capitolo 12
147	Capitolo 13
159	Capitolo 14
167	Capitolo 15
179	Capitolo 16

Stampato nel luglio 2020 per conto di Baldini+Castoldi s.r.l.
da Grafica Veneta S.p.A. – Trebaseleghe (PD)